Kerstin Stephanie Bumiller
Master en Derecho Tributario y Asesoría Fiscal
Master in Finanzrecht und Steuerberatung

Vermieten in Spanien

Besteuerung der Ferienvermietung von Nichtresidenten

Inklusive detaillierter Anleitung
zum Ausfüllen des Modelos 210 bei Vermietung

1.Auflage
Stand April 2019

Bumiller, Kerstin Stephanie

Vermieten in Spanien

Ein Handbuch

Bibliografische Information der Deutschen Nationalbibliothek: Die Deutsche Nationalbibliothek verzeichnet diese Publikation in der Deutschen Nationalbibliografie; detaillierte bibliografische Daten sind im Internet über http://dnb.dnb.de abrufbar.

Übersetzung: *Bumiller, Kerstin Stephanie*

Herstellung und Verlag: AH Tales and Stories S.L.

ISBN:978-8-4948-3032-7

Inhalt

Vermietungslizenz

Die Beantragung einer touristischen Vermietungslizenz ist der erste Schritt, bevor Sie mit dem eigentlichen Vermieten beginnen können.

Diese Lizenz bescheinigt, dass ihre Unterkunft die erforderlichen gesetzlichen Richtlinien erfüllt, um als touristische Ferienvermietung genutzt zu werden.

Die Zuständigkeit der Beantragung obliegt den einzelnen autonomen Provinzen. Da kann jede einzelne ihre Besonderheiten haben. Aber der Prozess der Beantragung ist ähnlich.

Zuerst muss man beim Rathaus der zuständigen Gemeinde einen CSV Code beantragen.
Um diesen zu erhalten, hat wiederum jedes Rathaus seine Besonderheiten. In jedem Fall benötigt man eine sogenannte Bewohnbarkeitsbescheinigung.
Vom Rathaus bekommen Sie einen Antrag, dort steht was alles benötigt wird. Nachdem Sie den CSV Code erhalten haben, stellen Sie den Antrag auf Vermietungslizenz bei zuständigen Verwaltung Ihrer Provinz. In Alicante ist das die Consellería de la Generalitat Valencia. Jede

Lizenz hat eine Nummer, diese muss in Form eines Schildes oder Plakette sichtbar an der Immobilie angebracht werden. Ebenso müssen nach der Vermietung die Meldedaten an die Polizeibehörde übermittelt werden.

Anbei ein paar Beispiele, welche Unterlagen man benötigt:

Valencia:

Mit diesen CSV Code beantragen Sie die eigentliche Vermietungslizenz. Wenn Sie über ein digitales Zertifikat verfügen (firma electronica), können Sie das ganze sogar online beantragen. Geregelt ist die touristische Vermietung durch das Dekret Nr. 15/2018. Folgende Unterlagen sind notwendig:

- NIE oder CIF (falls der Vermieter eine juristische Person ist)
- Bewohnbarkeitsbescheinigung oder eine Erklärung, dass die Bescheinigung vorhanden ist
- Verantwortungserklärung des Eigentümers
- Gutachten über die Kompatibilität der touristischen Vermietung in der Zone

Ab der Meldung an das Register haben Sie 2 Monate Zeit, mit der Aktivität der Vermietung zu beginnen.

Folgende Leistungen müssen im Mietpreis reflektiert werden:

- Nebenkosten wie Strom oder Müllabfuhr
- Gemeinschaftsumlagen
- Instandhaltung der Immobilie

Weiterhin darf der Besitzer eine Kaution verlangen (max. 250,00 EUR). Die Kaution muss im Mietvertrag vermerkt sein. Bei Verstößen gegen das Gesetz werden Bußgelder bis zu 90.151,80 EUR verhängt.

Balearen:

Derzeit wird die touristische Vermietung durch das Gesetz 6/2017 geregelt. Bei der Consejeria de Turismo geben Sie den Antrag und eine Verantwortlichkeitserklärung ab. Folgende Unterlagen müssen Sie hinzufügen:

- Erklärung DRIAT
- Lage- und Bebauungsplan
- Beschreibung des touristischen Betriebes – Kategorie, Grundstücksflä

che, Wohnfläche, Wohneinheiten mit Quadratmeterangabe, Terrasse, Bad, Küche, Gemeinschaftsflächen, Poolanlagen
- Nachweis über keine anderweitig bestehende Tourismuslizenz

Bei Gesetzesverstößen drohen auch hier Bußgelder:

- Leichte Gesetzesverletzung: bis 4.000 EUR
- Schwere Gesetzesverletzung: 4.001 – 40.000 EUR
- Sehr schwere Gesetzesverletzung: 40.001 – 400.000 EUR

Kanarische Inseln

Derzeit wird die touristische Vermietung durch die Verordnung 142/2010 vom 4.10.2010 geregelt.
Ob man überhaupt vermieten kann, erfolgt durch eine Prüfung der Baubehörde, die man im Vorhinein erst einmal beantragen muss. Die meisten Gemeinden haben das Ganze vereinfacht. Oftmals kann man Einsicht in der techni-

schen Abteilung der Gemeindeverwaltung vornehmen und sich so das Gutachten sparen.
Liegt die Erlaubnis vor, muss man die Klassifizierung der Tätigkeit vornehmen, dies wiederum ist von Gemeinde zu Gemeinde unterschiedlich.

Madrid

Derzeit wird die touristische Vermietung durch das Dekret 7/2014 geregelt.

Man benötigt:

- Lage- und Bebauungsplan
- Bewohnbarkeitsbescheinigung
- Eigenverantwortungserklärung

Die Immobilie muss folgendes vorweisen:

- Wohn/Essbereich, Küche, Bad, Schlafzimmer
- Telefonnummer für Notfälle
- Die Preise müssen sichtbar im Eingangsbereich angebracht werden und müssen folgende Auslagen beinhalten: Wasser, Strom, Reinigungskosten.

Ebenso muss die Mindestmietdauer 5 Tage betragen und in einer Wohnung dürfen keine einzelnen Zimmer vermietet werden.

Murcia:

Derzeit wird die touristische Vermietung durch den Artikel 2.1 des Gesetzes 29/1994 vom 24.11.1994 geregelt.
Der Antrag wird in der CONSEJERÍA DE TURISMO Y CULTURA gestellt.

Nach Artikel 69 vorlegen des Gesetzes 39/2015 vom 1. Oktober über das gemeinsame Verwaltungsverfahren der öffentlichen Verwaltungen, wird mindestens Folgendes gebraucht:

a) Angaben des Inhabers und des Vertreters in dem Fall.

b) Bestätigung, dass alle im Dekret Nr. 174/2018 vom 25. Juli festgelegten Anforderungen gemäß der angegebenen Klassifizierung und Kategorie, insbesondere hinsichtlich der Zugänglichkeit, erfüllt sind und über die entsprechende Dokumentation verfügen und dass sie sich verpflichten, ihre Einhaltung während des mit der Ausübung der Tätigkeit verbundenen Zeitraums aufrechtzuerhalten.

c) Bestätigung der Verfügbarkeit der für touristische Unterkünfte zuzuordnenden Immobilie.

d) Haftpflichtversicherung

e) Einstufung und deklarierte Kategorie gemäß dem in dieser Verordnung vorgesehenen Kategorisierungssystem.

f) Bestellung eines Verantwortlichen oder Verwalters der Wohnungen.

g) Abnahmeerklärung der elektrischen Installationen durch einen sachkundigen Techniker, der die Einhaltung der in den geltenden Vorschriften für das Gebäude und die Einrichtungen geltenden Anforderungen an die Verhütung und den Brandschutz bestätigt.

h) Einwilligung zur Inspektion durch die Tourismusbehörde

Andalusien

Derzeit wird die touristische Vermietung durch das Gesetz 28/2016 vom 02.02.2016. geregelt.

Nachdem man den CSV Code bekommen hat, benötigt man:

- Bewohnbarkeitsbescheinigung
- Meldebuch zur Erfassung der Gäste
- Beschwerdebuch

In Andalusien ist schwarz Vermietung ziemlich heftig, hier drohen Bußgelder von 18.000 bis 150.000.-Euros. Als Touristische Immobilie zählt alleine schon das Anbieten auf Dritt Portalen wie FEWO, Airbnb, etc.

Steuertabelle für Nichtansässige

Eigennutzung und Vermietung (IRNR (Einkommensteuer von Nichtansässigen)

Europa ab 2016 19%, restliche Länder 24%

	2014	2015	2016
UE y EEE	24,75%	20,00%	19,00%
Resto	24,75%	24,00%	24,00%

Für Veranlagungszeiträume ab 12.07.2015 bis 31.12.2015, war der Steuersatz kurzfristig 19,50%, bevor er auf 19% herabgesetzt wurde. Tabelle für Zugewinnsteuer aus Verkäufen von Liegenschaften

2014	2015	2016
21%	20%	19%

Jeder erklärt seinen Anteil

Wichtig- wenn das Eigentum sich auf mehrere Steuerzahler aufteilt- jeder erklärt seinen Anteil. Es gibt keine gemeinsame Erklärung.

Besteuerung der Immobilien bei Ferienvermietung

Besteuerung von Ferienvermietungen in Ermangelung eines Doppelbesteuerungsabkommens.

- Wird komplett der spanischen Besteuerung unterzogen (Vermietung von Immobilien auf spanischem Territorium. Gesetzestext: (Art. 13.1.g) TRIRNR).

Besteuerung mit Doppelbesteuerungsabkommen

ART. 6 DBA mit Deutschland

Regelung für die Verteilung der Steuergelder = geteilte Besteuerung

- Spanien (Staat der Quelle): Autorität zur Versteuerung.
- Deutschland (Residenzstaat): Verpflichtung zur Vermeidung von Doppelbesteuerung.

Hinweis: Im DBA stehen keine Steuersätze, diese sind immer im Land der Besteuerung nachzulesen= Spanien)

Umsatzsteuerverordnung

Vor der Überprüfung der Besteuerung in des Ferienvermietens werden wir uns die geltende Umsatzsteuerverordnung anschauen.

Denn in einigen Fällen, kann die Vermietung zusätzlich zur Besteuerung der Nichtresidenten (Modelo 210) auch noch der Umsatzsteuer unterliegen. Und zwar wenn diese dem Aspekt der ergänzenden Dienstleistungen der Hotellerie unterliegt.

Das Ganze wollen wir uns einmal näher anschauen.

Die Abgrenzung des Konzepts der ergänzenden Dienstleistungen der Hotellerie

Wann muss die Vermietung nebst Zusatzleistungen der Umsatzsteuer unterworfen werden?

Positive Abgrenzung

Ergänzende Dienstleistungen der Hotellerie.
Positive Abgrenzung

Laut Art. 20. Uno. 23 °. E ') Gesetz 37/1992,
Mehrwertsteuer.
"... wie Restaurant, Reinigung, Wäscherei oder ähnliche."
Doktrin der Generaldirektion Steuern

1.) Empfang und permanente und kontinuierliche Aufmerksamkeit für den Gast in einem dazu bestimmten Raum.
2.) Regelmäßige Reinigung der Unterkunft.
3.) Regelmäßige Wechsel der Betten und Badezimmer.
4.) Wäscheservice.
5.) Bereitstellung von Lebensmitteldienstleistungen und Verpflegung.

Zwingend erforderlich:
Der Vermieter ist verpflichtet mind. eine dieser ergänzenden Dienste zur Verfügung zu stellen.
Ergänzende Leistungen können vom Vermieter erbracht oder unterstellt werden.
Die ergänzenden Leistungen der Hotellerie

müssen für die Dauer der Mietdauer erbracht werden.

Praktisches Beispiel eines Fragestellers:
Der Fragesteller des folgenden Beispiels besitzt eine Immobilie, welche er beabsichtigt, für den Urlaub zu vermieten, gemäß den Bestimmungen des Königlichen Dekrets 28/2016, 2. Februar, der Häuser für touristische Zwecke Andalusiens. Die Miete beinhaltet ein Frühstücksbüfett, das vom Vermieter zur Verfügung gestellt wird. (V4929-16)

Hauptdienstleistung
Vermietung der Immobilie

Zusatzleistung
Frühstücksbuffet

Es hat für die Gäste keinen Selbstzweck, aber es ist ein Mittel, um den Service des Aufenthalts oder der Vermietung zu besseren Bedienungen genießen zu können. Es wird in Verbindung mit dem Hauptdienst- der Übernachtung- zu einem Einzelpreis oder Aufpreis zur Verfügung gestellt und berechnet.

=

Dies entspricht dem Konzept der ergänzenden Dienstleistungen der Hotellerie und ist ein komplementärer Service, welcher der Hotellerie zuzuordnen ist.

Somit sind die Vermietung und der komplementäre Service zusätzlich zum Modelo 210 der Umsatzsteuer zu unterziehen und zwar mit 10%

Negative Abgrenzung:

Ergänzende Dienstleistungen der Hotellerie. Negative Abgrenzung. Doktrin der Generaldirektion für Steuern

- Service des Wechsels der Wäsche in der Wohnung, die an den Anreisetag der Vertragsphase für jeden Mieter verliehen wird.
- Reinigungsservice der Wohnung am Ein- und Ausgang der Vertragsperiode für jeden Mieter.
- Wartung des Pools und Garten.
- Zahlung der Nebenkosten durch den Eigentümer
- Reinigungsservice der Gemeinschaftsräume des Gebäudes (Portal, Treppen und Aufzüge) sowie der Urbanisierung, in der es sich befindet (Grünflächen, Zugangstüren, Gehwege und Straßen).
- Übergabe der Schlüssel an die Mieter.
- Technische Hilfeleistung und Instandhaltung für die Reparatur von Sanitär, Elektrizität, Fenstern, Rollläden, Schlössern und anderen Geräten.
- Das Haus ist mit Bettwäsche,

Handtüchern, Küchenutensilien, Fernseher, Internet, Pool oder Klimaanlage ausgestattet.
- 24-Stunden-Telefonservice.

 Praktisches Beispiel eines Fragestellers:

Der Fragesteller des folgenden Beispiels besitzt eine ländliche Immobilie, in dem keine Reinigungsleistung angeboten wird und während des Aufenthaltes keine Lebensmittel angeboten werden. Die Reinigung erfolgt, sobald die Kunden das Haus verlassen haben. Das Landhaus ist im offiziellen Register der Landhäuser eingetragen (V5087-16).

Hauptdienstleistung
Vermietung der Immobilie

Zusatzleistung
Reinigung nach Abreise

Dies entspricht nicht dem Konzept der ergänzenden Dienstleistungen der Hotellerie und ist somit kein komplementärer Service, welcher der Hotellerie zuzuordnen wäre.

Versteuerung nur mit Modelo 210

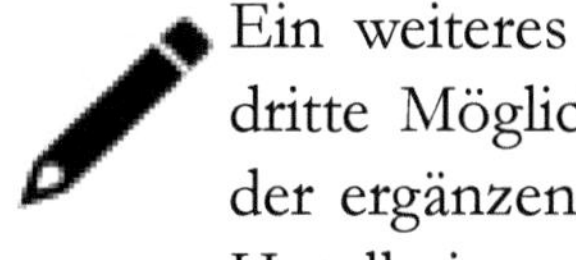

Ein weiteres Beispiel zeigt noch eine dritte Möglichkeit: Zusammenfassung der ergänzenden Dienstleistungen der Hotellerie.

Hauptdienstleistung
Vermietung der Immobilie

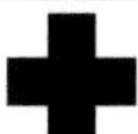

Zusatzleistungen, die nicht primär der Vermietung zuzuordnen sind:

1. Geführte Ausflüge.
2. Kinderbetreuung
3. Transfers an Flughäfen.

Diese haben einen Selbstzweck für den Gast.
Es handelt sich um unabhängige Dienste des Vermieters.

Zusatzdienstleistung unterliegt der Umsatzsteuer (IVA) gemäß (V1410-17)

Versteuerung der Vermietung mittels Modelo 210.

Wenn nur eine einzige Dienstleistung, welche der Hotellerie zugeordnet ist, wie z.B. das tägl. Wäschewechseln oder putzen, sind die gesamten Einnahmen zusätzlich zum Modelo 210 noch Umsatzsteuerpflichtig. Folgendes Schema soll das nochmal veranschaulichen:

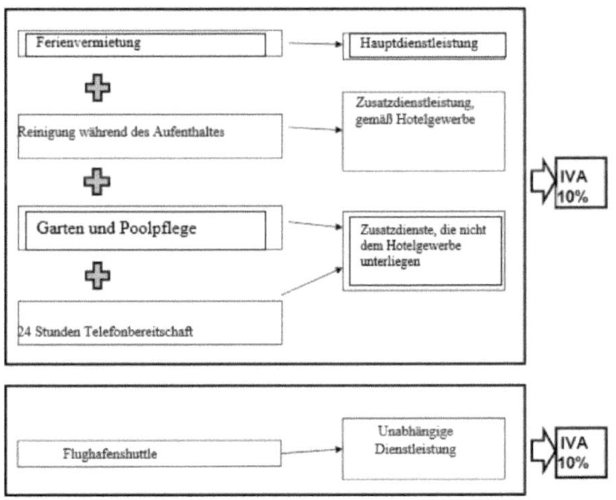

Ferienvermietung ohne Zusatzleistungen
Vermieter ist nicht in der EU ansässig

Beispiel 1:
Steuerausländer aus Russland. Dieser vermietet im Jahr 2017 ein Haus auf den Balearen. In den ersten 14 Tagen im August an Herrn A für 1200 Euro und die ersten 14 Tage im September an Herrn B für 800 Euro.

Vom 1. bis 20. Oktober:

- Ein Modelo 210 für die Mieteinnahmen vom 1.08.-14.08.2017 Basis: Einkommen 1.200 Euro. Ohne Abzug von Aufwendungen, weil kein EU-Mitglied. Steuersatz: 24%
- Ein weiteres Modelo 210 für die Mieteinnahmen, die in den ersten 14 Tagen von September.
  Basis Steuerpflichtigen:
  Einkommen 800 Euro. Ohne Abzug von Aufwendungen. Steuersatz: 24 %.

Im Laufe des Folgejahres 2018:

- Ein Modelo 210 für die nicht vermietete Zeit. Berechnet mit

1,1% oder 2% auf den Katasterwert im Verhältnis zur Anzahl der Tage, an denen die Immobilie nicht vermietet und dem Eigentümer zur Verfügung stand. Steuersatz: 24%

Verordnung EHA/3316/2010 (Modelo 210).
Gültig bis 31/12/2017:

Mehrere Einnahmen, die der gleiche Steuerzahler erzielt, können in einem Modelo 210 gruppiert werden:

- Entsprechen der gleichen Art von Einkommen.
- Von demselben Zahler.
- Selbigen Steuersatz unterliegen.
- Wenn es sich dabei um dieselbe Immobilie handelt

Beispiel 2: Steuerausländer aus Russland. Im Jahr 2017 wurde die spanische Immobilie in den ersten 14 Tagen im August an Herrn A für 1200 Euro und die ersten 14 Tage im September an Herrn B für 800 Euro. Alle Zahlungen werden über eine Intermediations-Web-Plattform empfangen.

Als Immobilieneinnahmen, die sich aus der

Vermietung der gleichen Immobilie ableiten, der Zahler ist die Web-Plattform der Vermittlung, wird es möglich sein, die Gruppierung anzuwenden (V0109-16).

Bei der vierteljährlichen Besteuerung handelt es sich um eine Zahllast.
Vom 1.10.-20.10. wird folgendes deklariert:

- Ein Modelo 210 gruppiert mit den Einnahmen aus den beiden Vermietungen.
  Steuerbasis: Einnahmen, 1.200 + 800 Euros, ohne das Recht Abzüge geltend zu machen (nicht EU). Steuersatz 24%

Im Laufe des Folgejahres 2018:

- Ein Modelo 210 für die nicht vermietete Zeit. Berechnet mit 1,1% oder 2% auf den Katasterwert im Verhältnis zur Anzahl der Tage, an denen die Immobilie nicht vermietet und dem Eigentümer zur Verfügung stand. Steuersatz: 24%.

⚖ Verordnung EHA/3316/2010 (Modelo 210). Gültig ab 1.1.2018

Mehrere Einnahmen, die der gleiche Steuerzahler erzielt, können unter folgenden Voraussetzungen in einem Modelo 210 gruppiert werden:

- Entsprechen der gleichen Art von Einkommen.
- Von demselben Zahler.
- Selbigen Steuersatz unterliegen.
- Wenn es sich dabei um dieselbe Immobilie handelt
- Mittlerweile kann man selbst verschiedene Zahler unter der Gruppe 35 zusammenfassen, immer vorausgesetzt das es dasselbe Quartal und dieselbe Immobilie war.

Ferienvermietung ohne Zusatzleistungen
Vermieter ist in der EU ansässig

Artikel 24 LIRNR

“6. Im Falle von Steuerzahler, welche in einem anderen EU-Staat leben, gelten folgende Sonderregeln:

1.. Für die Ermittlung der steuerpflichtigen Bemessungsgrundlage, die den ohne permanente Betriebsvermittlung erzielten Erträgen entspricht, kann daraus abgeleitet werden:

A) Im Falle von natürlichen Personen, die Ausgaben im Gesetz 35/2006 vorgesehen,..., vorausgesetzt, dass der Steuerzahler beweist, dass sie direkt mit den Erträgen in Spanien verbunden sind und dass sie eine direkte wirtschaftliche Verbindung haben und untrennbar mit der Tätigkeit verbunden sind und in Spanien stattfanden“ Die Bestimmungen dieses Abschnitts gelten auch für Steuerzahler, die in einem Mitgliedstaat des Europäischen Wirtschaftsraums ansässig sind, mit dem es einen effektiven Austausch von Steuerinformationen gibt ... (Island und Norwegen).

Absetzbarkeit der Aufwendungen/ Kosten

Einnahmen aus Vermietung (Fälligkeitszeitraum = Durchsetzbarkeit / Getrennte Einkommensrechnung in jedem Fälligkeitszeitraum)

- Reparatur- und Wartungskosten.
- Zinsen und sonstige Aufwendungen der Finanzierung.

Die Höhe dieser Aufwendungen darf die Erträge nicht überschreiten, für jedes Gut oder Recht, mit dem sie einen direkten und untrennbaren Zusammenhang haben.
Im Falle eines Überschusses, kann dieser in den folgenden vier Steuerjahren geltend gemacht werden. (V0109-16).

Weitere Aufwendungen:

- Steuern
- Dienstleistungen
- Versicherungen
- Nebenkosten
- Abschreibung (3% nur auf Gebäude)

- Nichtgezahlte schon versteuerte Mieten (frühestens 6 nach Fälligkeit)
- Kosten für die Erstellung des Mietvertrages
- Werbung

Praktisches Beispiel:

Vermietung einer Wohnung.

Erste 14 Tage im August ein Verlust von 1.000 Euros und zweite 14 Tage im August: + 1.500 Euros.

Es ist nicht möglich, die Erträge entsprechend der unterschiedlichen Zuwendungen zu kompensieren. Die 1.000 Euros negativen Einnahmen können nicht mit den 1.500 Euros positiven Einkommen kompensiert werden.

Wie berechnet man die Aufwendungen/ Kosten?

Dies ist der wichtigste Punkt, denn man darf nicht einfach so pauschal die Kosten ansetzen. Dies geschieht immer proportional zu den vermieteten Tagen.

Absetzbare Aufwendungen nach der Anzahl

der Tage des Jahres, in denen die Immobilie vermietet wurde (V0109-16):

- Zinsen zum Immobilienerwerb oder solche die für Kapital zur Renovierung notwendig waren
- Steuern
- Dienstleistungen, z.B. Verwaltung, Alarmanlage etc.
- Versicherungsprämien
- Nebenkosten
- Abschreibung

Folgende Kosten werden nicht tageweise abgerechnet:

Wartungs- und Reparaturkosten, Werbung und solche, die durch die Formalisierung des Mietverhältnisses entstehen In Bezug auf die Immobilie oder die Erträge, die durch die Vermietung erzielt werden, solange sie ausschließlich auf die künftigen Mieteinnahmen und nicht auf die Eigennutzung, auch nur vorübergehend, durch den Eigentümer gerichtet sind. (V0109-16)
Das bedeutet, wenn sie z.B. eine Renovierung gemacht haben und nach der Vermietung auch nur einen einzigen Tag selbst die Immobilie nutzen, entfällt diese Aufwendung komplett.

Praktische Beispiele:

In Frankreich ansässiger Steuerpflichtiger, der eine Immobilie auf den Balearen in der zweiten Julihälfte 2017 an Herrn A. für 800 Euros, in der ersten Augusthälfte 2017 an Herrn B. für 1.200 Euros und in der ersten Septemberhälfte 2017 an Herrn C. für 700 Euros vermietet. Anfang Juli lässt er die Immobilie für 1.000 Euros streichen. Die Grundsteuer (IBI), die Abschreibungen, die Kosten der Eigentümergemeinschaft und die Versicherung belaufen sich auf 12.000 Euros pro Jahr.

LÖSUNG OHNE ZUSAMMENFASSUNG DER EINKÜNFTE (I)

Vermietung zweite Julihälfe.

- Gesamteinnahmen 800.-Euros
- Kosten 1.300.-Euros
- Reparatur und Wartung: 800.-Euros
  Überschuss von 200.- Euros.

Kosten sind in den nächsten Erklärungen der kommenden vier Jahre anzugeben. Aber die

Immobilie darf nicht einen einzigen Tag privat genutzt werden.

- Jährliche Kosten: 500.- Euros/ tageweise auf die Vermietung angerechnet
- Bemessungsgrundlage: - 500.- Euros
- Steuersatz 19 %
- Steuerbetrag: Null

Ist man verpflichtet Nullerklärungen abzugeben?

Artikel 13 LIRNR. Einnahmen aus spanischen Liegenschaften

"1. Die folgenden sind Einkommen auf spanischem Gebiet erhalten: (...)

g) Die Erträge, die direkt oder indirekt aus Immobilien auf spanischem Territorium oder von damit verbundenen Rechten."

Artikel 28 LIRNR. Deklaration

"1. Steuerzahler, die ohne permanente Betriebsvermittlung Mieten auf spanischem Territorium beziehen, sind verpflichtet, für diese Steuer eine Erklärung einzureichen, die die entsprechenden Steuerschulden festlegt und eingibt, in der Form, an Ort und Stelle, an der sie liegen."

Die Nulldeklarationen werden im Folgejahr zwischen dem 1 und 20. 01 abgegeben.

LÖSUNG OHNE ZUSAMMENFASSUNG DER EINKÜNFTE (II)

Vermietung für die ersten zwei Augustwochen

- Gesamteinkünfte: 1.200 Euro
- Kosten: 700 Euro
- Reparatur und Wartung: 200 Euros. Überschussabzug von 200 Euros vom vorhergehenden Formblatt 210
- Jährliche Kosten: 500 Euro (anteilig zur Mietdauer)
- Bemessungsgrundlage: 500 Euro
- Steuersatz: 19 Prozent
- Steuerbetrag: 95 Euro
- Erklärung mit Modell 210 vom 1. bis 20. Oktober

Vermietung für die ersten zwei Septemberwochen

- Gesamteinkünfte: 700 Euros
- Kosten: 500 Euros
- Jährliche Kosten: 500 Euros (anteilig zur Mietdauer)
- Bemessungsgrundlage: 200 Euros
- Steuersatz: 19 Prozent
- Steuerbetrag: 38 Euros
- Erklärung mit Formblatt 210 vom 1. bis 20. Oktober

In Frankreich ansässiger Steuerpflichtiger, der eine Immobilie auf den Balearen in der zweiten Julihälfte 2017 an Herrn A. für 800 Euros, in der ersten Augusthälfte 2017 an Herrn B. für 1.200 Euros und in der ersten Septemberhälfte 2017 an Herrn C. für 700 Euros vermietet. Anfang Juli lässt er die Immobilie für 1.000 Euros streichen. Die Grundsteuer (IBI) beträgt 1.200 Euros pro Jahr.

LÖSUNG MIT ZUSAMMENFASSUNG DER EINKÜNFTE (I)

- Erklärung mit einem einzigen Formblatt 210, das vom 1. bis zum 20. Oktober einzureichen ist.
- Es werden 95 Euro plus 38 Euro zusammengefasst eingezahlt.
- Die negativen Einkünfte aus der ersten Vermietung können nicht durch die beiden anderen positiven Einkünfte ausgeglichen werden.

„Die Einkünfte können vierteljährlich zusammengefasst werden, wenn es sich um Selbstveranlagungen mit positivem Ergebnis handelt, oder jährlich im Falle von Selbstveranlagungen mit einem Ergebnis gleich null oder einem negativen Ergebnis.“

Die Pflicht zur Einreichung des Formblatts 210 für die Einkünfte mit einer Steuerschuld gleich null aus der Vermietung in der zweiten Julihälfte bleibt bestehen.

Agenturen

Ferienvermietung von Immobilien an Agenturen, die im eigenen Namen handeln

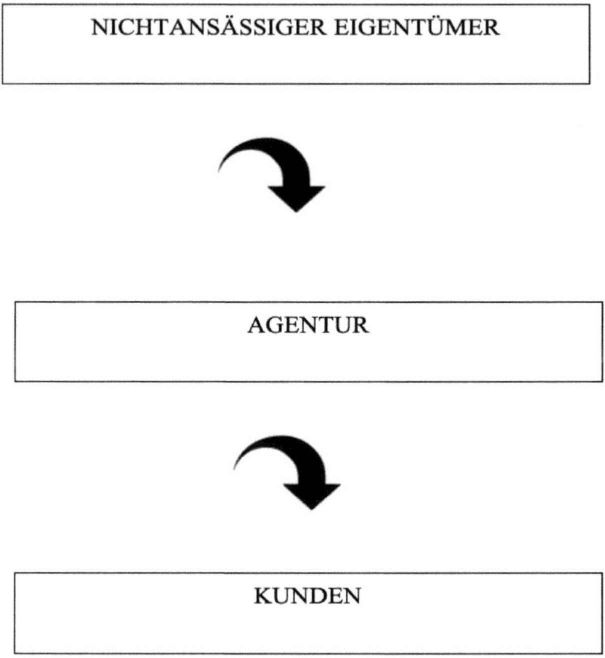

NICHTANSÄSSIGER EIGENTÜMER

AGENTUR

KUNDEN

Die Agentur handelt nach den Vorgaben der obersten Steuerbehörde DGT im eigenen Namen, wenn sie, und nicht der vermietende Eigentümer, folgende Voraussetzungen erfüllt:

- Festlegung der Nutzungsbedingungen
- Kenntnisse über und direkte

Beziehungen zu den Mietern

- Empfang der Gegenleistung

Besteuerung des nichtansässigen Eigentümers, wenn sich dieser nicht verpflichtet, zusätzliche Dienstleistungen zu erbringen
Gebietsansässige Agentur

NICHTANSÄSSIGER EIGENTÜMER (der sich nicht verpflichtet, zusätzliche Dienstleistungen zu erbringen)

AGENTUR MIT SITZ IN SPANIEN

KUNDEN

Agentur

Verpflichtung zur Einbehaltung der Einkommensteuer von Nichtansässigen vom Gesamtbetrag des Mietzinses, der an den nichtansässigen Eigentümer gezahlt wird.

- Quellensteuersatz: 19 % oder 24 %.
- Formblatt für die Selbstveranlagung: Modelo 216
- Zusammenfassende Jahressteuererklärung: Modelo 296

Einkommensteuer des nichtansässigen Eigentümers

- Nicht-EU-Bürger: Bei der einbehaltenen Quellensteuer handelt es sich um die endgültige Steuer. Er ist nicht verpflichtet, eine Selbstveranlagung einzureichen (Art. 28 Abs. 3 TRLIRNR).

- EU-Bürger: Option der Einreichung von Formblatt 210, um Kosten abzuziehen und eine Rückerstattung zu verlangen. Frist für die Einreichung der Selbstveranlagung Formblatt 210 mit Antrag auf Rückerstattung:
- Das Formblatt kann ab dem 1. Februar des Folgejahres, nachdem die angegebenen Einkünfte angefallen sind,

eingereicht werden.

- Die Frist beträgt vier Jahre ab Ablauf der Erklärungs- und Einzahlungsfrist für die Einbehaltung.
- Es wird davon ausgegangen, dass die Frist für die Einreichung der Selbstveranlagung am Tag ihrer Einreichung abgelaufen ist.

Vermietung durch eine Miteigentümergemeinschaft, die sich nicht verpflichtet, zusätzliche dienstleistungen zu erbringen

Besteuerung von nichtansässigen Miteigentümern-Gebietsansässige Agentur

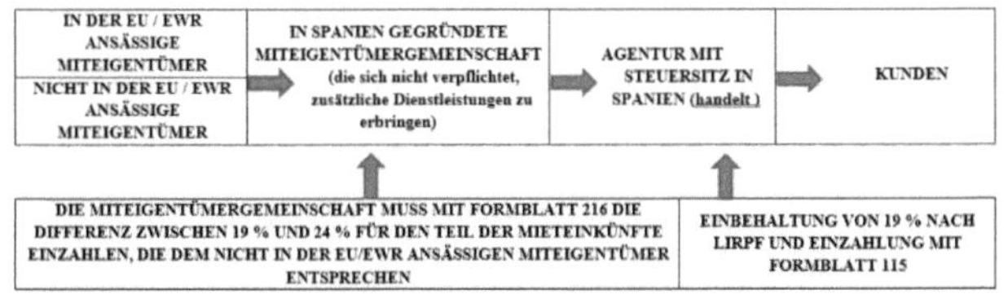

Spätere Handlungen der nichtansässigen Miteigentümer

- Nicht-EU/EWR-ansässig: keine / Einkommensteuer für Nichtansässige bereits über Einbehaltung gezahlt.
- Wohnsitz in der EU/EWR: Formblatt 210 ab 1. Februar des Folgejahres zwecks Rückerstattung des überschüssigen Einbehalts. Der Einbehalt wurde auf den vollen Mietzins vorgenommen. Im Formblatt 210 können die Kosten abgezogen werden. DGT V2478-13 und V2521-15

Besteuerung des nichtansässigen Eigentümers, wenn sich dieser nicht verpflichtet, zusätzliche Dienstleistungen zu erbringen

⚖ Nichtansässige Agentur
Artikel 31 TRLIRNR
(Neufassung des Gesetzes über die Einkommensteuer von Nichtansässigen).

Verpflichtung zur Einbehaltung und Vorauszahlung der Steuer.

NICHTANSÄSSIGER EIGENTÜMER (der sich nicht verpflichtet, zusätzliche Dienstleistungen zu erbringen)

NICHTANSÄSSIGE AGENTUR OHNE BETRIEBSSTÄTTE

KUNDEN

1. Folgende Personen sind verpflichtet, für die von ihnen gezahlten und dieser Steuer unterliegenden

2. Einkünfte die Steuer einzubehalten und vorauszuzahlen:

a) Unternehmen, einschließlich Unternehmen im Zuschreibungsverfahren, die im spanischen Hoheitsgebiet ansässig sind,

b) natürliche Personen mit Wohnsitz in Spanien, die wirtschaftliche Tätigkeiten ausüben, in Bezug auf Einkünfte, die sie bei der Ausübung dieser Tätigkeiten zahlen,
c) der Einkommensteuer für Nichtansässige unterliegende Steuerpflichtige, die über eine Betriebsstätte handeln.

⚖ Art. 28 TRLIRNR.
Steuererklärung

1. Steuerpflichtige, die ohne eine Betriebsstätte auf spanischem Gebiet Einkünfte erzielen, sind verpflichtet, für diese Steuer eine Steuererklärung abzugeben, in der sie die entsprechende Steuerschuld in der festgelegten Form, am festgelegten Ort und innerhalb der festgelegten Fristen melden und einzahlen.

…

3. Die Steuerpflichtigen sind nicht verpflichtet, für Einkünfte, für die der Quellensteuerabzug oder die Vorauszahlung gemäß Art. 31 erfolgt ist, eine Steuererklärung abzugeben ......

Art. 9. Verantwortliche Personen

1. Folgende Personen haften gesamtschuldnerisch für die Zahlung der Steuerschulden, die für von ihnen gezahlte Einkünfte anfallen.... Personen, die ohne Vermittlung einer Betriebsstätte erzielte Einkünfte auszahlen...

Diese Haftung besteht nicht, wenn die Verpflichtung zur Einbehaltung und Vorauszahlung der Steuer nach Art. 31 zur Anwendung kommt.

. . .

3. Falls ohne Vermittlung einer Betriebsstätte erzielte Einkünfte ausgezahlt werden, ... gelten die Handlungen der Steuerverwaltung als direkt gegenüber der verantwortlichen Person erfolgt und der Verantwortliche ist zur Zahlung der Steuerschuld verpflichtet, ohne dass ein vorheriger Verwaltungsakt zur Übertragung der Haftung gemäß Art. 41 Abs. 5 der Abgabenordnung 58/2003 vom 17. Dezember 2003 erforderlich ist.

Besteuerung des nichtansässigen Eigentümers, der sich verpflichtet, zusätzliche Dienstleistungen zu erbringen

Ansässige oder nichtansässige Agentur

NICHTANSÄSSIGER EIGENTÜMER (der sich verpflichtet, zusätzliche Dienstleistungen zu erbringen)

↓

AGENTUR

↓

KUNDEN

EINKOMMENSTEUER DES NICHTANSÄSSIGEN EIGENTÜMERS

- Nichtansässiger mit Betriebsstätte

AGENTUR

- Keine Verpflichtung zur Einbehaltung der Einkommensteuer von Nichtansässigen vom Gesamtbetrag des Mietzinses, der an den nichtansässigen Eigentümer gezahlt wird.

- Falls die Agentur ansässig ist, besteht keine Verpflichtung zur Einbehaltung der Steuer, da der Eigentümer über eine Betriebsstätte handelt.

- Falls die Agentur nicht ansässig ist, besteht darüber hinaus keine Verpflichtung zur Einbehaltung, da eine Nichtansässigkeit vorliegt.

Ferienvermietung von Immobilien an Agenturen, die im fremden Namen handeln

Nach den Vorgaben der obersten Steuerbehörde DGT handelt die Agentur im fremden Namen und auf Rechnung der vermietenden Eigentümer, wenn die Vermieter folgende Tätigkeiten übernehmen:

- Kommunikation und direkte Beziehungen zu den Mietern,
- Festlegung der Regeln und Bedingungen für Vermietung,
- Anordnung der Art und Weise, wie die Gegenleistung zu zahlen ist, und Empfang der Gegenleistung.

Vermieter sind diejenigen, die die eigentliche Vermietungsleistung direkt gegenüber dem Mieter erbringen.

- Die Agentur ist nicht zur Einbehaltung verpflichtet, wenn sie den Mietzins vom Kunden empfängt und an den Eigentümer weiterleitet, da sie lediglich bei der Zahlung vermittelt (V0367-18).
- Es besteht keine gesamtschuldnerische Haftung der Agentur (Art. 9 Abs. 2 TRLIRNR).

Umsatz/Mehrwertsteuer (IVA)

NICHTANSÄSSIGE VERMIETER

ORT, AN DEM DIE LEISTUNG DER IMMOBILIENVERMIETUNG ERBRACHT WIRD.

Art. 70. Erstens. l. Mehrwertsteuer „Erstens. Die folgenden Leistungen gelten als im Besteuerungsgebiet erbracht:

1. Leistungen, die mit Immobilien in Zusammenhang stehen, welche sich in dem genannten Gebiet befinden.

Als Leistungen, die mit Immobilien in Zusammenhang stehen, werden u. a. folgende Leistungen angesehen:

a) Vermietung oder Nutzungsüberlassung dieser Immobilien, was auch möblierte Wohnungen mit einschließt (...)

h) Unterbringung in Hotel-, Camping- und Spa-Einrichtungen (....)“

Die Vermietungsleistungen unterliegen, unabhängig von den Bedingungen des Vermieters, auf jeden Fall der Mehrwertsteuer, wenn sie sich auf Immobilien beziehen, die sich in dem Besteuerungsgebiet befinden.

VERMIETUNG DER IMMOBILIE DURCH EINE NICHTANSÄSSIGE PERSONEN (EINZELPERSONEN ODER UNTERNEHMEN) DIREKT AN DIE KUNDEN

NICHTANSÄSSIGER EIGENTÜMER (der sich nicht verpflichtet, zusätzliche Dienstleistungen zu erbringen) →	KUNDE
MEHRWERTBESTEUERUNG DES EIGENTÜMERS • Steuerpflichtig mit Modelo 210 und IVA freigestellt	

NICHTANSÄSSIGER EIGENTÜMER (der sich verpflichtet, zusätzliche Dienstleistungen zu erbringen) →	KUNDE
MEHRWERTBESTEUERUNG DES EIGENTÜMERS • Steuerpflichtig Modelo 210 und IVA nicht freigestellt • Steuersatz: 10 Prozent	

VERMIETUNG DER IMMOBILIE DURCH DEN NICHTANSÄSSIGEN EIGENTÜMER AN EINE IM EIGENEN NAMEN HANDELNDE AGENTUR

NICHTANSÄSSIGER EIGENTÜMER

AGENTUR (handelt im eignen Namen)

KUNDEN

Die Agentur handelt nach den Vorgaben der obersten Steuerbehörde DGT im eigenen Namen, wenn sie, und nicht der vermietende Eigentümer, folgende Voraussetzungen erfüllt:

- Festlegung der Nutzungsbedingungen
- Kenntnisse über und direkte Beziehungen zu den Mietern
- Empfang der Gegenleistung

Besteuerung des nichtansässigen Eigentümers, wenn sich dieser nicht verpflichtet, zusätzliche Dienstleistungen zu erbringen.

MEHRWERTBESTEUERUNG DER VERMIETUNG (V2889-16, V2784-16, V0478-17)

⚖ Art. 20. Erstens. 23. f) LIVA (Mehrwertsteuergesetz).

Die Befreiung von der Wohnraummiete umfasst nicht folgende Fälle: „Die Vermietung von Gebäuden oder Gebäudeteilen zwecks Untervermietung…"

- Vermietung ist steuerpflichtig und nicht freigestellt.
- Steuersatz: 21 Prozent

HANDELT DER NICHTANSÄSSIGE EIGENTÜMER ÜBER EINE BETRIEBSSTÄTTE?

⚖ Art. 69. Drittens LIVA „Im Sinne dieser Steuer gilt jede feste Geschäftsstelle, in der Unternehmer oder Freiberufler eine wirtschaftliche Tätigkeit ausüben, als Betriebsstätte.

Insbesondere gilt dies für:

...

g) Immobilien, die vermietet oder anderweitig genutzt werden,

⚖ Ursprüngliche Doktrin der obersten Steuerbehörde DGT (V0411-11)

„In Auslegung dieser Vorschrift ist es die Doktrin dieser Abteilung, dass ein Unternehmer oder Freiberufler über eine Betriebsstätte in diesem Sinne verfügt, wenn er die Anlagen (Räumlichkeiten) als Eigentümer, Inhaber eines dinglichen Nutzungsrechts oder Mieter der gesamten Immobilie oder eines festen und bestimmten Teils davon unter ähnlichen Umständen besitzt wie in dem vorgelegten Dokument (insbesondere Antwort Nr. V1485-

09 vom 19.06.09) beschrieben.

Deshalb gilt die anfragende Person als im Besteuerungsgebiet niedergelassen und unterliegt in Bezug auf die Vermietung der in seinem Eigentum stehenden Räumlichkeiten der Mehrwertsteuer."

⚖ Entscheidung des Tribunal Económico Administrativo Central vom 20. Oktober 2016: Ein Unternehmen, das nicht in dem Gebiet ansässig ist, in dem die Steuer erhoben wird, verfügt nicht allein deshalb über eine Betriebsstätte in diesem Gebiet, weil es Eigentümer einer Immobilie ist, die es an seine Tochtergesellschaft vermietet.

⚖ Aktuelle DGT-Doktrin (V2915-17)

„ … Art. 69 Abs. Drei Buchst. g) des Gesetzes 37/1992 findet keine Anwendung, und die Tatsache, dass ein nichtansässiges Unternehmen über vermietete oder anderweitig genutzte Immobilien verfügt, führt nicht unbedingt dazu, dass das Unternehmen im Besteuerungsgebiet eine Betriebsstätte unterhält, wenn das Unternehmen bei der

Übertragung oder Vermietung der Immobilie nicht über eine Reihe von materiellen und personellen Ressourcen im Besteuerungsgebiet verfügt, die für die unabhängige Erbringung der Vermietungsleistungen erforderlich sind, unabhängig davon, ob es sich dabei um eigene oder fremde Mittel handelt".
Folgen dieser Doktrin: Es kommen die Bestimmungen des Art. 84 Abs, 1 Nr. 2 des Gesetzes 37/1992 zur Anwendung:

„Erstens. Steuerpflichtig sind:

(...)

2. Die Unternehmer oder Freiberufler, für die die der Steuer unterliegenden Tätigkeiten in den unten aufgeführten Fällen durchgeführt werden:

a) Wenn die Tätigkeiten von natürlichen oder juristischen Personen durchgeführt werden, die nicht im Besteuerungsgebiet ansässig sind."

- Der nichtansässige Eigentümer wird dem Unternehmen nicht 21 Prozent in Rechnung stellen.
- Es kommt zu einer Umkehrung der

Steuerschuldnerschaft. Die Agentur wird Umsatzsteuer und gleichzeitig Vorsteuer in Höhe von 21 Prozent verbuchen.

- Wenn die Agentur nicht im Steuergebiet niedergelassen ist, kommt es nicht zur Umkehrung der Steuerschuldnerschaft. Der nichtansässige Eigentümer stellt dem Unternehmen 21 Prozent in Rechnung und ist verpflichtet, diese einzuzahlen.

Besteuerung der Agentur, wenn sich der nichtansässige Eigentümer nicht verpflichtet, zusätzliche Dienstleistungen zu erbringen

⚖ Art. 11 LIVA > „Im Sinne der Steuer gilt als Erbringung von Dienstleistungen (...)

15. Vermittlungs-, Agentur- oder Provisionsgeschäfte…. Wenn (der Agent oder Kommissionär) in eigenem Namen handelt und bei der Erbringung von Dienstleistungen vermittelt, gelten die betreffenden Dienstleistungen als von ihm selbst erhalten

und erbracht."

MEHRWERTBESTEUERUNG DER AGENTUR

A) Untervermietung von Wohnungen ohne Erbringung zusätzlicher Dienstleistungen (V4706 - 16)

- Steuerpflichtig und freigestellt
- Kein Recht auf Vorsteuerabzug

Untervermietung von Wohnungen mit Erbringung zusätzlicher Dienstleistungen (V2889 - 16)

- Steuerpflichtig und nicht freigestellt
- Steuersatz 10 Prozent
- Recht auf Vorsteuerabzug

VERMIETUNG DER IMMOBILIE DURCH DEN NICHTANSÄSSIGEN EIGENTÜMER AN EINE IM EIGENEN NAMEN HANDELNDE AGENTUR

Besteuerung der Agentur und des nichtansässigen Eigentümers, wenn sich der nichtansässige Eigentümer verpflichtet, zusätzliche Dienstleistungen zu erbringen.

MEHRWERTBESTEUERUNG DES EIGENTÜMERS (V0600-15, V0715-17)

- Vermietung von Wohnungen mit zusätzlichen Dienstleistungen
- Steuerpflichtig und nicht freigestellt
- Steuersatz: 10 Prozent

MEHRWERTBESTEUERUNG DER AGENTUR

- Sie wird den Kunden 10 Prozent in Rechnung stellen.
- Mehrwertsteuer-Sonderregelung für Reisebüros
- Besteuerung Marge
- 21% Mehrwersteuer

VERMIETUNG DER IMMOBILIE DURCH DEN NICHTANSÄSSIGEN EIGENTÜMER AN EINE IM FREMDEN NAMEN HANDELNDE AGENTUR

AGENTUR (handelt im fremden Namen)

NICHTANSÄSSIGER EIGENTÜMER

KUNDEN

Nach den Vorgaben der obersten Steuerbehörde DGT handelt die Agentur im fremden Namen auf Rechnung der vermietenden Eigentümer, wenn die Vermieter folgende Tätigkeiten übernehmen:

- Kommunikation und direkte Beziehungen zu den Mietern
- Festlegung der Regeln und Bedingungen für Vermietung
- Anordnung der Art und Weise, wie die Gegenleistung zu zahlen ist, und Empfang der Gegenleistung

Vermieter sind diejenigen, die die eigentliche Vermietungsleistung direkt gegenüber dem Mieter erbringen.
Die Agentur erbringt gegenüber den Vermietern eine Vermittlungsleistung, die Mehrwertsteuer in Höhe von 21% unterliegt und nicht steuerbefreit ist.

Art. 11 ->
„Im Sinne der Steuer gilt als Erbringung von Dienstleistungen (...)
15. Vermittlungsgeschäfte und Agentur- oder Provisionsgeschäfte, wenn der Agent oder Kommissionär im Namen anderer handelt."

Neue Meldepflicht bei der Überlassung der Nutzung von Wohnungen für touristische Zwecke

(FORMBLATT 179)

Oftmals habe ich erlebt, dass Immobilienbesitzer sich sicher gewägt haben, dass das Finanzamt keine Kenntnis von den Vermietungen über die Plattformen hat. Doch diese Lücke wurde jetzt geschlossen. Denn die Agenturen, auch die die nicht in Spanien ansässig sind wie z.B. AirBNB, Homeaway, Fewo, Booking etc., melden die Vermietungen mittels des Modelos 179.

GESETZLICHE VORSCHRIFT

Art. 54 ter RD 1065/2007. Meldepflicht bei der Überlassung der Nutzung von Wohnungen für touristische Zwecke (gültig ab 1.1.2018)

Hinzugefügt durch Art. 1 Abs. 11 des Real Decreto (Königliches Dekret) 1070/2017 vom 29. Dezember 2017. „Zur Verhinderung der Steuerhinterziehung wird eine spezifische Informationspflicht für natürliche Personen und

Unternehmen, insbesondere die sogenannten „Kooperationsplattformen", die bei der Vermietung oder Überlassung der Nutzung von Wohnungen für touristische Zwecke vermitteln, eingeführt."

Verordnung HFP/544/2018 vom 24. Mai 2018 zur Genehmigung des Formblatts 179 „Vierteljährliche Meldung der Überlassung von Wohnungen zur touristischen Nutzung" und zur Festlegung der Bedingungen und des Verfahrens für seine Einreichung.
Zweite Schlussbestimmung. Inkrafttreten
Diese Verordnung tritt am Tag nach ihrer Veröffentlichung im Boletín Oficial del Estado (spanischer Staatsanzeiger) in Kraft und gilt für die Einreichung des Formblatts 179 „Vierteljährliche Meldung der Überlassung von Wohnungen zur touristischen Nutzung" in Zusammenhang mit Nutzungsüberlassungen von Wohnungen zu touristischen Zwecken, die ab dem 1. Januar 2018 erfolgen oder vermittelt werden.
Art. 4. Frist für die Einreichung
Das Formblatt 179 muss vierteljährlich für die Transaktionen des jeweiligen Kalenderquartals zwischen dem ersten und dem letzten Tag des Kalendermonats nach dem Ende des Quartals,

auf das sich die Erklärung bezieht, eingereicht werden.

Einzige Übergangsbestimmung. Einreichung der Meldung bei Überlassung der Nutzung von Wohnungen für touristische Zwecke im Jahr 2018

Für das Geschäftsjahr 2018 erfolgt die Einreichung der Meldung bei Überlassung der Nutzung von Wohnungen für touristische Zwecke ausnahmsweise jährlich. Die Frist für die Einreichung läuft vom 1. bis zum 31. Januar 2019.

Persönlicher Anwendungsbereich: Verpflichtung zur Abgabe der Meldung

Natürliche oder juristische Personen, die als Vermittler zwischen dem Abtretenden und dem Abtretungsempfänger der Nutzung von Wohnungen für touristische Zwecke im spanischen Hoheitsgebiet auftreten.

Vermittler

Alle natürlichen oder juristischen Personen, die eine Vermittlungsleistung zwischen dem Abtretenden und dem Abtretungsempfänger erbringen, sei es entgeltlich oder unentgeltlich.

Insbesondere zählen hierzu natürliche

oder juristische Personen, die als Kooperationsplattformen auftreten, bei der Nutzungsüberlassung vermitteln und nach dem Gesetz 34/2002 vom 11. Juli 2002 über Dienste der Informationsgesellschaft und elektronischen Geschäftsverkehr (Ley de servicios de la sociedad de la información y de comercio electrónico) als Anbieter von Diensten der Informationsgesellschaft gelten, unabhängig davon, ob sie die zugrunde liegende Dienstleistung, die Gegenstand der Vermittlung ist, erbringen und ob sie den Abtretenden und den Abtretungsempfängern die Bedingungen wie Preis, Versicherung, Fristen oder sonstige Vertragsvereinbarungen auferlegen.
Sachlicher Anwendungsbereich: Inhalt der Meldung
Nutzungsüberlassung von Wohnungen für touristische Zwecke

Vorübergehende entgeltliche oder unentgeltliche Nutzungsüberlassung der gesamten oder eines Teils der möblierten und ausgestatteten Wohnung zur unmittelbaren Nutzung, unabhängig davon, über welchen Kanal sie vermarktet oder beworben wird.

In jedem Fall sind von diesem Tatbestand

(Überlassung der Nutzung von Wohnungen für touristische Zwecke) ausgeschlossen: Touristenunterkünfte, die spezifischen Vorschriften unterliegen. „..wie z. B. Hotelanlagen, Herbergen und Campingplätze." (Gesetzesbegründung Real Decreto 1070/2017 vom 29. Dezember 2017).

In diesem Sinne gelten nicht als ausgeschlossen:

Vorübergehende Nutzungsüberlassungen von Wohnungen im Sinne von Art. 5 Buchst. e) des Mietvertragsgesetzes (Ley de Arrendamientos Urbanos) 29/1994 vom 24. November 1994, unabhängig davon, ob besondere sektoriale Vorschriften, denen sie eventuell unterliegen, eingehalten werden oder nicht.

Art. 5 LAU. Ausgeschlossene Mietverhältnisse. Vom Anwendungsbereich dieses Gesetzes sind ausgeschlossen:
e) vorübergehende Nutzungsüberlassungen der gesamten möblierten und ausgestatteten Wohnung zur unmittelbaren Nutzung, wenn diese über touristische Vertriebskanäle vermarktet und beworben werden und mit Gewinnerzielungsabsicht erfolgen, sofern sie einer besonderen sektorialen Vorschrift

unterliegen.

c) Teilnutzungsrechte an Immobilien

d) Nutzungen und Verträge nach Art. 5 des Mietvertragsgesetzes 29/1994 vom 24. November 1994, mit Ausnahme der in Buchst. e) dieses Artikels genannten Abtretungen. Art. 5 LAU. Ausgeschlossene Mietverhältnisse.

Vom Anwendungsbereich dieses Gesetzes sind ausgeschlossen:

a) die Nutzung der Wohnungen von Hausmeistern, Wachleuten, Angestellten, Arbeitern und Beamten .....

b) die Nutzung der Wohnungen von Militärangehörigen .....

c) Verträge zur Vermietung eines Grundstücks mit Haus/Zimmer, bei denen die land-, vieh- oder forstwirtschaftliche Nutzung des Grundstücks der Hauptzweck des Mietvertrages ist....

d) die Nutzung der Wohnungen von Universitätsangehörigen .....

Angaben in der Meldung (1)

a) Angaben des Eigentümers der zu touristischen Zwecken überlassenen Wohnung sowie, falls abweichend, Angaben des Inhabers des Rechts, aufgrund dessen die Wohnung zu touristischen Zwecken überlassen wird.

In diesem Sinne gelten als Inhaber des Rechts, das Gegenstand der Abtretung ist, die Inhaber des Eigentumsrechts, Timesharing-, Teilnutzungs- oder sonstigen Rechts, des Rechts aus Miet- oder Untermietvertrag oder des sonstigen Nutzungsrechts an der zu touristischen Zwecken überlassenen Wohnung, welche letztlich die Nutzung an der genannten Wohnung abtreten.

Die Identifizierung erfolgt durch Vor- und Nachnamen, Firmenname oder Gesellschaftsbezeichnung sowie Steueridentifikationsnummer oder nach der in der Ministerialverordnung, durch die das entsprechende Meldeformular genehmigt wird, genannten Art und Weise.

02 STEUER-ID

03 REISEPASS

04 AMTLICHES AUSWEIS-DOKUMENT, DAS VOM LAND ODER GEBIET DES WOHNSITZES AUSGESTELLT WURDE

05 WOHNSITZBESCHEINIGUNG
06 WEITERE NACHWEISDOKUMENTE
07 NICHT IM REGISTER ERFASST

Angaben in der Meldung (2)

b) Angabe der Immobilie, vollständige Anschrift, mit Angabe der Katasternummer oder Angabe nach der in der Ministerialverordnung, durch die das entsprechende Meldeformular genehmigt wird, genannten Art und Weise.

01 Immobilie mit Katasternummer, die sich an jedem Ort auf spanischem Gebiet befindet, mit Ausnahme des Baskenlandes und Navarras.

02 Immobilie mit Katasternummer, die sich in der Autonomen Region des Baskenlands befindet.

03 Immobilie mit Katasternummer, die sich in der Foralgemeinschaft Navarra befindet.

04 Immobilie in einer der oben genannten Situationen ohne Katasternummer.

Angaben in der Meldung (3)

c) Angaben der natürlichen oder juristischen Personen, denen die Wohnung überlassen wird.

Die Identifizierung erfolgt durch Vor- und Nachnamen, Firmenname oder Gesellschaftsbezeichnung sowie Steueridentifikationsnummer oder nach der in der Ministerialverordnung, durch die das entsprechende Meldeformular genehmigt wird, genannten Art und Weise.

Zu diesem Zweck müssen die Personen, die die Wohnung für touristische Zwecke überlassen, eine Kopie des Personalausweises der Personen, die die zuvor genannte Leistung in Anspruch nehmen, aufbewahren.

Angaben in der Meldung (4)
d) Betrag, der an den übertragenden Eigentümer für die Nutzung der Wohnung zu touristischen Zwecken gezahlt wird, oder gegebenenfalls die Unentgeltlichkeit.

Anzahl der Tage, an denen die Wohnung für touristische Zwecke genutzt wird, und Datum des Beginns der Überlassung.

Angaben in der Meldung (5)
e) Nummer des Vertrages, aufgrund dessen der Anmelder bei der Übertragung der Wohnungsnutzung vermittelt

f) Datum der Vermittlung bei der Transaktion
g) Bezeichnung der verwendeten Zahlungsmittel (Überweisung, Kredit- oder Debitkarte oder sonstiges Zahlungsmittel)

Die in den Buchstaben e), f) und g) enthaltenen Angaben sind freiwillig. Sie dienen dem Zweck, die Vorgänge im Zusammenhang mit der Überlassung der Immobilie transparent zu gestalten und eventuelle Nachfragen der Steuerverwaltung nach diesen mit der Überlassung der Immobilien zusammenhängenden Angaben zu vermeiden.

Art. 22
Beseitigung der Doppelbesteuerung
1. In Spanien wird die Doppelbesteuerung durch Anwendung seiner nationalen Rechtsvorschriften oder der folgenden Bestimmungen gemäß den nationalen Rechtsvorschriften Spaniens vermieden:

a) Bezieht eine in Spanien ansässige Person Einkünfte oder besitzt sie Vermögensteile und können diese Einkünfte oder diese Vermögensteile nach diesem Abkommen in Deutschland besteuert werden, so rechnet Spanien
i) auf die vom Einkommen dieser Person zu erhebender Steuer den Betrag an, der der in Deutschland gezahlten Steuer vom Einkommen entspricht;

Der anzurechnende Betrag darf jedoch den Teil der vor der Anrechnung ermittelten Steuer vom Einkommen oder vom Vermögen nicht übersteigen, der auf die Einkünfte, die in

Deutschland besteuert werden können, oder auf die Vermögensteile, die dort besteuert werden können, entfällt.

Ohne Doppelbesteuerungsabkommen

EINKÜNFTE GELTEN ALS IN SPANIEN ERWORBEN UND WERDEN IN SPANIEN BESTEUERT

Einkommen, das natürlichen Personen zugeschrieben wird, die städtische Immobilien auf spanischem Gebiet besitzen (Art. 13 Abs. 1 Buchst. h) TRIRNR)

Besteuerung der Immobilienvermietung dei bestehen eines Doppelbesteuerungsabkommens

ART. 6 DBA DEUTSCHLAND ENTHÄLT DIE VORSCHRIFTEN ZUR

VERTEILUNG DER BESTEUERUNGSBEFUGNIS

GEMEINSAME BESTEUERUNGSBEFUGNIS

- SPANIEN (Quellenstaat): Besteuerungsbefugnis
- DEUTSCHLAND (Wohnsitzstaat): Verpflichtung, Maßnahmen zur Vermei dung der Doppelbesteuerung zu ergreifen

DBA ENTHÄLT DIE VORSCHRIFTEN ZUR BESTEUERUNG (Befreiungen, Steuerbemessungsgrundlage, Steuersatz, Entstehung der Steuerschuld usw.)

Einbehaltung bei der Übertragung von Immobilien durch nichtansässige ohne Betriebsstätte

⚖ Art. 14 RIRNR. Einbehaltung oder Vorauszahlung beim Erwerb von Immobilien

1. Im Falle der Übertragung von in Spanien gelegenen Immobilien durch Nichtansässige, die der Einkommensteuer für Nichtansässige unterliegen und ohne Vermittlung einer Betriebsstätte handeln, ist der Erwerber verpflichtet, 3 Prozent der vereinbarten Gegenleistung als Anzahlung auf die Einkommensteuer für Nichtansässige einzubehalten und einzuzahlen oder die entsprechende Anzahlung zu leisten.

- Einzureichendes Formblatt: 211
- Frist: ein Monat ab dem Tag der Übertragung
- Ort der Einreichung: Die Einreichung und Zahlung erfolgt bei allen als Finanzkasse beauftragten Bankinstituten mit Sitz in Spanien (Banken, Sparkassen,

Kreditgenossenschaften).

Der Erwerber stellt dem nichtansässigen Verkäufer eine Kopie des Formblattes 211 zur Verfügung, damit dieser den Betrag bei der Steuererklärung über den sich aus der Übertragung ergebenden Vermögensgewinn bzw. -verlust abziehen kann.

- Bei unentgeltlichen Übertragungen entfällt der Einbehalt.

- Die Bemessungsgrundlage des Einbehalts wird im Fall einer Prüfung durch die Verwaltung durch die Anwendung des „Marktwertes“ auf den für die Übertragung vereinbarten Preis nicht geändert.

- Gestundete Zahlungen: Der Einbehalt erfolgt für den Gesamtpreis bzw. die gesamte Gegenleistung.

- Übertragung von Immobilien durch Nichtansässige im Rahmen von Zwangsversteigerungen -> Einbehalt.

- Der Einbehalt ist auch bei Vermögensverlusten vorzunehmen.

- Der Einbehalt ist auch dann vorzunehmen, wenn die Gegenleistung nicht in Geld besteht (z. B. Tauschgeschäfte): Es wird der Marktwert der Immobilie herangezogen.

- Die Einbehaltung ist auch bei der Übertragung von Nutzungsrechten an Grundstücken vorzunehmen.

- Wenn mehrere Übertragende existieren, von denen einige ansässig und andere nichtansässig sind: Der Einbehalt erfolgt nur für die dem Nichtansässigen entsprechende Gegenleistung.

- Falls der einbehaltene Betrag nicht eingezahlt wird: Die Immobilie haftet für die Zahlung des einbehaltenen Betrags bzw. die entsprechende Steuerschuld, je nachdem, welche von beiden geringer ist.

Art. 14 Abs. 2 RIRNR. Der Erwerber ist in den folgenden Fällen nicht verpflichtet, die Einbehaltung und Vorauszahlung vorzunehmen:

a) Wenn der Veräußerer durch eine von der zuständigen Stelle der Steuerverwaltung ausgestellte Bescheinigung nachweist, dass er der Einkommensteuer oder der Körperschaftsteuer unterliegt.

b) Im Falle der Einbringung von Immobilien bei der Gründung oder Kapitalerhöhung von Gesellschaften mit Sitz in Spanien.

Entscheidung des TEAC (Zentrales Verwaltungsgericht): 02943/2013/00/00. Doktrin. Datum der Entscheidung: 06.02.2014
Wenn der Veräußerer zum Zeitpunkt der Übertragung einer in Spanien gelegenen Immobilie nicht gegenüber dem Erwerber durch eine von der zuständigen Stelle der Steuerverwaltung ausgestellte Bescheinigung nachweist, dass er der Einkommensteuer oder der Körperschaftsteuer unterliegt, ist der Erwerber

gemäß Art. 14 des Reglamento del Impuesto sobre la Renta de No Residentes (Gesetz über die Einkommensteuer von Nichtansässigen), genehmigt durch den Königlichen Erlass 1776/2004 vom 30. Juli 2004, verpflichtet, 3 Prozent der vereinbarten Gegenleistung als Anzahlung auf die Einkommensteuer für Nichtansässige einzubehalten und einzuzahlen oder die entsprechende Anzahlung zu leisten. Wird die Bescheinigung nachträglich vorgelegt, so führt dies nicht zu einem Anspruch auf Rückerstattung ungerechtfertigter Einzahlungen aus dem geleisteten Einbehalt, da es sich um einen fälligen, d. h. nach den steuerlichen Vorschriften vorgeschriebenen, Einbehalt handelte.

Dies gilt unbeschadet des Erstattungsanspruchs, der sich eventuell aus den einzelnen Steuervorschriften ergibt. Diese Rückerstattung, die sich aus den einzelnen Steuervorschriften ergibt, ist in Art. 99 Abs. 8 des Gesetzes 35/2006 über die Einkommensteuer (Impuesto sobre la Renta de las Personas Físicas) vorgesehen.

Vermögensgewinn bei der Übertragung von Immobilien durch nichtansässige ohne Betriebsstätte

NEUHEITEN AB DEM 1.1.2015 BEI DER BERECHNUNG DES VERMÖGENSGEWINNS DES NICHTANSÄSSIGEN EIGENTÜMERS, DER DIE IMMOBILIE ÜBERTRÄGT.

Die Anpassungskoeffizienten kommen ab dem 1. Januar 2015 (Gesetz 26/2014) nicht mehr zur Anwendung.

Ab dem 1. Januar 2015 gelten die Anpassungskoeffizienten nur noch bis zu einer Obergrenze von 400.000 Euro des gesamten Übertragungswerts für Güter, die vor dem 31. Dezember 1994 erworben wurden (Neufassung der 9. Übergangsbestimmung des Gesetzes 35/2006, geändert durch das Gesetz 26/2014).

AUSWIRKUNGEN DER ABSCHREIBUNGEN AUF DIE BERECHNUNG DES VERMÖGENSGEWINNS

Ein Nichtansässiger ohne Betriebsstätte überträgt eine zuvor vermietete Räumlichkeit. Müssen bei der Berechnung des Vermögensgewinns die Abschreibungen (oder die Mindestabschreibung) vom Anschaffungswert abgezogen werden, auch wenn Steuern auf Mieteinnahmen gezahlt wurden und dabei keine Aufwendungen (einschließlich Abschreibungen) abgezogen werden konnten?

Allgemein sind im Rahmen der Einkommensteuer von Nichtansässigen (IRNR) gemäß Art. 24 Abs. 1 der Neufassung des Gesetzes über die Einkommensteuer von Nichtansässigen Abschreibungen von Immobilien bei der Ermittlung der Steuerbemessungsgrundlage für Mieterträge nicht abzugsfähig, da Mieterträge in voller Höhe besteuert werden.

Dementsprechend sollten die Abschreibungen (oder Mindestabschreibungen), wenn der nichtansässige Steuerpflichtige ohne Betriebsstätte bei der Berechnung der Steuerbemessungsgrundlage für Mieterträge keine Abschreibungen abziehen konnte, auch nicht bei der Berechnung des Anschaffungswertes der Immobilie zwecks Ermittlung des aus der Übertragung resultierenden Vermögensgewinns berücksichtigt werden.

Zusammenfassend gilt, dass eine Abschreibung, je nachdem, ob sie abzugsfähig war oder nicht, bei der Berechnung des Anschaffungswertes der Immobilie berücksichtigt werden kann oder nicht.

FORMULARE UND FRISTEN

- Steuererklärung Formblatt 210
- Frist für die Steuererklärung: drei Monate ab Ablauf der Frist, in der die Person, die die Immo bilie erworben hat, den Einbe halt einzahlen muss (auch bei ei nem negativen Ergebnis)
- Ort der Einreichung: bei dem Finanzamt oder der Steuerbe hörde des Ortes, an dem sich die Immobilie befindet
- Das Formblatt 210 kann sich nur auf eine übertragene Immo bilie beziehen.
- Im Ausnahmefall kann, wenn die zu übertragende Immobilie im gemeinsamen Eigentum eines Ehepaares steht, bei dem beide Ehegatten nichtansässig sind, eine einzige Selbstveranlagung

vorgenommen werden - In die
sem Fall beider Eheleute.

ÜBERTRAGUNG EINER IMMOBILIE - FRIST FÜR DIE BEANTRAGUNG EINER RÜCKERSTATTUNG

Frage

Welche Frist gilt für einen Antrag auf Rückerstattung von aufgrund einer Immobilienübertragung gezahlten beträgen?

Antwort:

Die Frist beträgt 4 Jahre. Die Berechnung dieser Frist beginnt, abgesehen von Unterbrechungen, mit Ende der Frist für die Einreichung der entsprechenden Selbstveranlagung (Formblatt 210).

Gesetzesvorschriften/Doktrin

⚖ Art. 66 und 67 L.G.T. 58/2003 (Abgabenordnung)

Besteht bei einem Vermögensverlust die Verpflichtung zur Einreichung des Formblatts 210?

TRIRNR

Art. 13 Einkommen, das auf spanischem Gebiet erzielt wurde

1. Als Einkünfte, die auf spanischem Gebiet erzielt wurden, gelten:

i) Vermögensgewinne:

1.) Wenn sie aus Wertpapieren stammen, die von natürlichen oder juristischen Personen mit Wohnsitz in Spanien ausgegeben wurden.

2.) Wenn sie aus sonstigen beweglichen Vermögenswerten, mit Ausnahme von Wertpapieren, stammen, die sich im spanischen Staatsgebiet befinden, oder sich aus Rechten ableiten, die im spanischen Staatsgebiet erfüllt oder ausgeübt werden müssen.

3.) Wenn sie direkt oder indirekt von in Spanien gelegenen Immobilien oder damit verbundenen Rechten stammen. Insbesondere zählen hierzu: Vermögensgewinne aus Rechten oder

Beteiligungen an einem Unternehmen, das ansässig oder nichtansässig ist und dessen Vermögen hauptsächlich direkt oder indirekt aus Immobilien besteht, die sich auf spanischem Gebiet befinden.

Vermögensgewinne aus der Übertragung von Rechten oder Beteiligungen an einem ansässigen oder nichtansässigen Unternehmen, die dem Inhaber das Recht geben, in Spanien gelegene Immobilien zu nutzen.

4.) Wenn Vermögenswerte, die sich auf spanischem Gebiet befinden, oder Rechte, die in Spanien erfüllt oder ausgeübt werden müssen, in das Vermögen des Steuerpflichtigen übergehen, auch wenn sie nicht aus einer vorherigen Übertragung stammen, wie z. B. Spielgewinne.

Art. 28. Steuererklärung

1. Steuerpflichtige, die ohne eine Betriebsstätte auf spanischem Gebiet Einkünfte erzielen, sind verpflichtet, für diese Steuer eine Steuererklärung abzugeben, in der sie die entsprechende Steuerschuld in der

festgelegten Form, am festgelegten Ort und innerhalb der festgelegten Fristen melden und einzahlen.
Besteht bei einem Vermögensverlust die Verpflichtung zur Einreichung des Formblatts 210?

Nur „Vermögensgewinne", nicht jedoch „Vermögensverluste", gelten als in Spanien erzieltes Einkommen. Daher gäbe es keine Verpflichtung zur Einreichung des Formblatts 210.

Um jedoch eine Rückerstattung der einbehaltenen 3 % zu beantragen, muss das Formblatt 210 eingereicht werden.

Das Recht, eine Rückerstattung zu beantragen, verjährt 4 Jahre nach Ablauf der Frist für die Einreichung des Formblatts 210.

Wird das Formblatt 210 nach Ablauf der Frist eingereicht, kann dies nicht als verspätet eingestuft werden, da bei Vermögensverlusten keine Verpflichtung zur Einreichung besteht.

Wenn hingegen ein Vermögensgewinn vorliegt und der Antrag auf Rückerstattung gestellt wird, indem nach Ablauf der Frist das Formblatt 210 eingereicht wird, wird die Selbstveranlagung als verfristet angesehen, obwohl das Recht, die Rückerstattung zu beantragen, nicht verjährt wäre, sofern seit Ablauf der freiwilligen Frist für die Einreichung des Formblattes 210 noch nicht vier Jahre verstrichen sind.

ANRECHNUNGSKRITERIUM BEI ABZAHLUNGS- ODER STUNDUNGSGESCHÄFTEN
DGT V0896-18 und V2450-17

„In Bezug auf die vorübergehende Anrechnung des Vermögensgewinns legt Art. 27 Abs. 1 Buchst. b) TRLIRNR fest, dass die Steuer im Fall von Vermögensgewinnen anfällt, wenn die Vermögensveränderung stattfindet.

Die Neufassung des Gesetzes über die Einkommensteuer von Nichtansässigen TRLIRNR enthält keine Vorgaben zu einer eventuellen Anwendung spezieller temporärer Anrechnungskriterien bei Abzahlungs- oder Stundungsgeschäften. Sie verweist in diesem

Zusammenhang auch nicht ausdrücklich auf die Vorschriften des Einkommensteuergesetzes, so dass Möglichkeit besteht, die erzielten Einkünfte, sobald die entsprechenden Teilzahlungen fällig sind, anteilig anzurechnen."

AUSNAHME VON DER UNMÖGLICHKEIT DER VERRECHNUNG VON GEWINNEN MIT VERLUSTEN

„Ein Nichtansässiger ohne Betriebsstätte überträgt eine zu zwei Zeitpunkten erworbene Immobilie, von der er 50 % gekauft und später 50 % durch Erbschaft erworben hat. Der erste Erwerb führt zu einem Vermögensgewinn und der zweite zu einem Vermögensverlust. Kann er bei der Einreichung des Formblattes 210 den Gewinn mit dem Verlust ausgleichen?

Es ist davon auszugehen, dass nur eine einzige Vermögensübertragung vorliegt, da zu einem einzigen Zeitpunkt mit einer Veräußerungshandlung ein Vermögensgegenstand übertragen wird. Daher ist ein einziger Vermögensgewinn anzurechnen, da eine einzige Vermögensveränderung vorliegt, die zum Zeitpunkt der Veräußerung der Immobilie eintritt.

Aufgrund der Art und Weise, wie dieser Vermögensgewinn jedoch nach dem Einkommensteuergesetz LIRPF berechnet wird, und aufgrund der Notwendigkeit, zwei Erwerbszeitpunkt und zwei unterschiedliche Werte zu berücksichtigen, setzt sich dieser Gewinn wiederum aus einer positiven Differenz für die im Jahr 1983 erworbene Hälfte und aus einer negativen Differenz für die durch Erbschaft erworbene Hälfte zusammen, wobei im Endergebnis ein Vermögensverlust vorliegt. Bei dieser positiven und negativen Differenz handelt es sich nicht um zwei verschiedene Vermögensveränderungen und damit um zwei getrennte Einkünfte, die gemäß Art. 15 Abs. 1 TRLIRNR nicht ausgeglichen werden können. Diese positiven und negativen Posten ergeben sich vielmehr aus der internen Berechnung nach den Vorschriften des Einkommensteuergesetzes, die für die Ermittlung des einzigen vorhandenen Einkommens erforderlich sind. Der positive und der negative Teil werden folglich zusammengerechnet, und im Ergebnis kommt es zu einem Vermögensverlust.

Da im Ergebnis ein Vermögensverlust vorliegt,

weil der Steuerzahler ein Nichtansässiger ohne Betriebsstätte in Spanien ist, existieren in diesem Fall keine im Rahmen der Einkommensteuer von Nichtansässigen Steuerpflichtigen Erträge und somit wird aus der Veräußerung der Immobilie kein Ergebnis angerechnet.

DBA SPANIEN – DEUTSCHLAND

Eine in Spanien ansässige Person verkauft eine in Deutschland gelegene Immobilie. Er erzielt keine anderen Vermögensgewinne in Spanien. Besteuerung des Gewinns nach aktuellem und früherem Doppelbesteuerungsabkommen:

Steuerinländer in Spanien zahlen Steuern auf ihr weltweites Einkommen.
Ehemaliges DBA mit Deutschland:
Art. 13 DBA Deutschland sieht vor, dass Vermögensgewinne aus der Veräußerung von Immobilien in dem Vertragsstaat besteuert werden können, in dem die Immobilien liegen.
Art.23DBA:SteuerabzugbeiDoppelbesteuerung durch progressive Befreiung: Es wird der Steuersatz angewendet, der gelten würde, wenn

diese Einkünfte nicht befreit wären.
Da keine weiteren Vermögensgewinne vorliegen, ist der Verkauf der Immobilie in Spanien von der Steuer befreit.

Aktuelles DBA mit Deutschland:

⚖ Art. 13 DBA: Deutschland sieht vor, dass Vermögensgewinne aus der Veräußerung von Immobilien in dem Vertragsstaat besteuert werden können, in dem die Immobilien liegen.

⚖ Art. 22 Nr. 1 DBA: Vermeidung der Doppelbesteuerung durch Abzug bei der Doppelbesteuerung (in Deutschland gezahlte Steuer).
„Der anzurechnende Betrag darf jedoch den Teil der vor der Anrechnung ermittelten Steuer vom Einkommen oder vom Vermögen nicht übersteigen, der auf die Einkünfte, die in Deutschland besteuert werden können, oder auf die Vermögensteile, die dort besteuert werden können, entfällt." LIRPF: Anwendung des durchschnittlichen Steuersatzes auf

den im Ausland besteuerten Teil der Bemessungsgrundlage.

VERMÖGENSSTEUER NICHTANSÄSSIGER PERSONEN

ARTIKEL 21Vermögen

1. Das aus Immobilien bestehende Vermögen, das ein Einwohner eines Vertragsstaates (ANSÄSSIG IN DEUTSCHLAND) besitzt und sich in dem anderen Vertragsstaat (SPANIEN) befindet, kann in diesem anderen Staat (SPANIEN) besteuert werden.

Nichtansässiger + In Spanien gelegene Immobilie

Vermögenssteuer: ja -> Immobilie

2. Vermögen, das aus Immobilien besteht und zu den Aktiva einer Betriebsstätte gehört, die eine Gesellschaft eines Vertragsstaates (MIT SITZ IN DEUTSCHLAND) in dem anderen Vertragsstaat (SPANIEN) besitzt, kann in diesem anderen Staat (SPANIEN) besteuert werden.

5. Alle anderen Vermögenswerte eines Einwohners eines Vertragsstaates (ANSÄSSIG IN DEUTSCHLAND) können nur in diesem Staat (DEUTSCHLAND) besteuert werden.

4. Vermögenswerte, die aus Aktien oder Beteiligungen an einer Gesellschaft oder einem anderen Personenzusammenschluss oder aus ähnlichen Rechten bestehen, deren Vermögenswerte zu mindestens 50 Prozent direkt oder indirekt aus in einem Vertragsstaat gelegenen Immobilien oder aus Aktien oder Beteiligungen oder anderen Rechten bestehen, die ihrem Eigentümer direkt oder indirekt das Recht auf Nutzung von Immobilien in einem Vertragsstaat geben, können in dem Vertragsstaat besteuert werden, in dem sich die Immobilien befinden.

Diese Auslegung führt dazu, dass in Deutschland ansässige Personen bei der Besteuerung mit der Vermögensteuer schlechter gestellt sind als Ansässige in Ländern ohne DBA bzw. in Ländern, deren DBA keine Vorschriften zur Vermögensteuer enthält (z. B. Andorra).

Während das DBA festlegt, welche Güter in Spanien der Besteuerung unterliegen, enthält das spanische Recht die folgenden Vorschriften:

- Nichtansässige müssen für die in Spanien gelegenen Vermö genswerte, deren Eigentümer sie am 31. Dezember des entsprechenden Jahres sind, eine Vermögensteuererklärung abgeben, und zwar nach den Vorschriften des Gesetzes 19/91 über die Vermögenssteuer (Ley del Impuesto sobre el Patrimonio).
- Das Nettovermögen (Steuerbemessungsgrundlage) ergibt sich aus der Differenz zwischen diesem Wert und den Belastungen der Vermögenswerte sowie den Schulden für das in die Vermögenswerte investierte Kapital.
- Als Steuerfreibetrag muss eine Kürzung um 700 000 Euro (Provinzabhänging) vorgenommen werden.
- Der Steuerbetrag (zu zahlender

Betrag) wird berechnet, indem auf diese Grundlage der für das entsprechende Jahr festgelegte Steuersatz angewendet wird.

- Jede natürliche Person muss eine individuelle Steuererklärung abgeben. Wenn eine Immobilie also im Eigentum eines Ehepaares oder mehrerer Personen steht, muss jeder von ihnen eine eigene Erklärung für den Teil abgeben, der ihm gehört.
- Zu verwendendes Formblatt: 714, das gleiche wie für Ansässige
- Frist für die Einreichung: die gleiche wie für Ansässige (Frist der Einkommensteuer für natürliche Personen IRPF). Bis 30.06 eines jeden Jahres.

NEUERUNG AB DEM 1.1.2015

- Neue Vorschriften, die auf Ansässige aus EU- oder EWR-Ländern angewendet werden können.

- Konkret wird im Vermögenssteuergesetz (Ley del Impuesto sobre el Patrimonio) folgende 4. Schlussbestimmung eingefügt:

„Nichtansässige Steuerpflichtige, die ihren Wohnsitz in einem Mitgliedstaat der Europäischen Union oder des Europäischen Wirtschaftsraums haben, sind zur Anwendung der besonderen Vorschriften berechtigt, die von der Autonomen Region verabschiedet wurden, in der der höhere Wert der besteuerten Güter und Rechte liegt, deren Inhaber sie sind und die, weil sie sich auf spanischem Gebiet befinden, ausgeübt werden können oder erfüllt werden müssen, besteuert werden.“

Beispiel: Nummer der Anfrage: V3054-16

Sachverhalt: Die anfragende Person ist ein nichtansässiger Deutscher mit einer Immobilie auf den Balearen; in Bezug auf die Vermögenssteuer ist er beschränkt steuerpflichtig.

Frage:

Handelt es sich bei der vierten Zusatzbestimmung des Gesetzes 19/1991 um eine Wahlmöglichkeit oder kommt bei der Ausübung dieses Rechts zwangsläufig die Tabelle der Autonomen Region zur Anwendung, auch wenn dies zu einer höheren Besteuerung führt?

Antwort: Die Anwendung der von der Autonomen Region erlassenen Vorschriften auf die der Vermögenssteuer unterliegenden Steuerpflichtigen, die ihren Wohnsitz nicht in Spanien haben, sondern in einem Mitgliedstaat der Europäischen Union oder des Europäischen Wirtschaftsraums haben, stellt für diese Steuerpflichtigen ein Recht und damit eine Option dar, die sie ausüben können oder nicht. Entscheiden sie sich jedoch für diese Option, müssen sie die gesamte, von der Autonomen Region verabschiedete Steuervorschrift anwenden.

Steuertabellen- sind immer beide anzuwenden:

TABELLE FÜR AUTONOME REGIONEN

Endgültige Steuerbemessungsgrundlage ab €	Bruttoeinkommensteuerschuld (€)	Restliche endgültige Steuerbemessungsgrundlage bis zu €	Steuersatz (%)
0	0	170.472,04	0,28
170.472.04	477,32	170.465,00	0,41
340.937,04	1.176,23	340.932,71	0.69
681.869,75	3.528,67	654.869,76	1,24
1.338.739,51	11.649,06	1.390.739,49	1,79
2.727.479,00	36.543,30	2.727.479,00	2,35
5.454.958,00	100.639,06	5.454.957,99	2,90
10.909.951,99	258.832,84	En adelante	3,45

TABELLE FÜR DEN STAAT

Endgültige Steuerbemessungsgrundlage - Bis zu Euro	Steuerbetrag - Euro	Restliche endgültige Steuerbemessungsgrundlage - Bis zu Euro	Effektiver Steuersatz - Prozentsatz
0,00	0,00	167.129,45	0,2
167.129,45	334,26	167.123,43	0,3
334.252,88	835,63	334.246,87	0,5
668.499,75	2.506,86	668.499,76	0,9
1.336.999,51	8.523,36	1.336.999,50	1,3
2.673.999,01	25.904,35	2.673.999,02	1,7
5.347.998,03	71.362,33	5.347.998,03	2,1
10.695.996,06	183.670,29	en adelante	2,5

Firma Digital

Um beispielsweise das Modelo 210 mit der Möglichkeit der Abbuchung (domiciliación) zu präsentieren, benötigen Sie dieses Zugangszertifikat. Es entspricht in etwa unserem Elster Zertifikat in Deutschland. Dies ist eine einfache Schritt für Schritt Anleitung, wie Sie dieses Zertifikat beantragen und auf Ihren PC laden können.

Öffnen Sie im Browser folgende Seite:

www.fnmt.es

Wählen Sie im Menü den Punkt Servicios

Links sehen Sie ein Menü, dort wählen Sie den Punkt Certificado Digital.

Nach dem Bestätigen, wählen Sie unter dem Punkt Servicios de Certificación den Punkt Ciudadanos aus.

Obtenga su Certificado Digital FNMT de persona fisica. Konfigurieren Sie zunächst

Ihren Browser, um die Beantragung fehlerfrei durchzuführen:

Klicken Sie dazu rechts den Punkt, Configuración del navegador para obtener o renovar el Certificado:

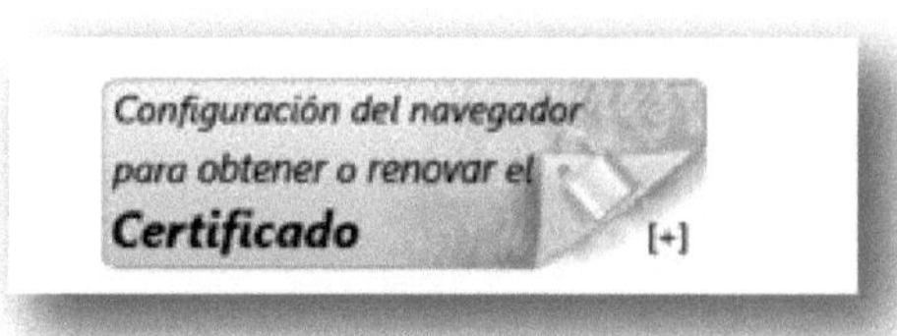

Dann erscheint diese Seite:

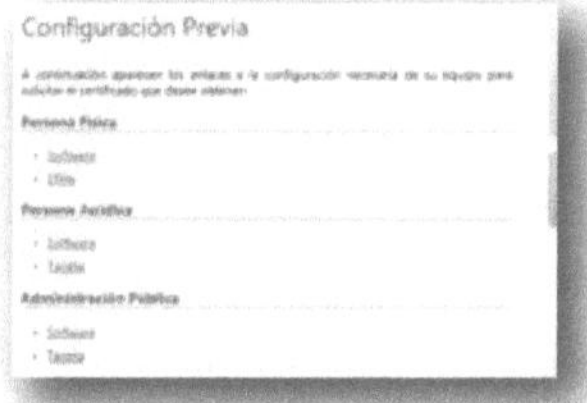

Wählen Sie unter Persona Física den Punkt Software aus. Dann wählen Sie Ihren Browser aus.

Es folgt eine EXE-Datei, welche Sie bitte ausführen. Danach ist Ihr Computer konfiguriert, um das Zertifikat zu beantragen. Sie sollten ab jetzt keine Änderungen am PC vornehmen, solange Sie das noch zu beantragende Zertifikat nicht heruntergeladen haben. Die Installation muss immer am selben PC wie die Beantragung erfolgen, sonst funktioniert Sie nicht. Im Anschluss wählen Sie links unter dem Menü Obtener Certificado Software den Punkt Solicitar Certificado:

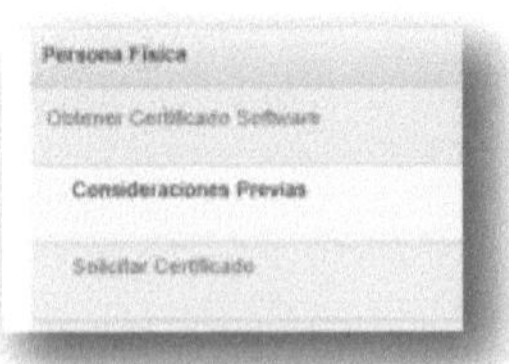

Es erscheint diese Seite:

Sie füllen die Angaben aus und bitte den blau hinterlegten Text anklicken, damit bestätigen Sie die Konditionen.

Pulse aquí para consultar y aceptar las condiciones de uso del certificado

Anschließend drücken Sie auf SEND request.

Bei manchen Browsern (das hängt von den Sicherheitseinstellungen ab) erscheint nun diese Meldung, welche Sie bitte mit „Ja“ bestätigen.

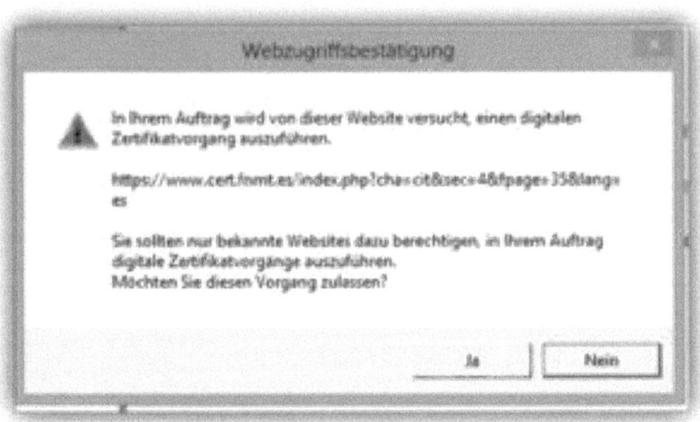

Jetzt bekommen Sie eine Email zugesandt. Diese Email müssen Sie nun ausdrucken. Zusammen mit Ihrem Ausweisdokument, Ihrer N.I.E.-Nummer, Kopien der beiden Dokumente und diesem Zahlencode gehen Sie zu einer zugelassenen Stelle.

Die zuständigen Stellen finden Sie auf der Website:
http://callejero.telefonica.es/PuntosCercanos/index.jsp?client=fnmt

Auf dieser Seite können Sie eine Stelle in Ihrer Nähe finden.
Auch können Sie das Zertifikat beim Finanzamt

beantragen. Beantragen Sie vorsichtshalber eine Cita Previa auf der Website des Finanzamtes www.aeat.es.

Dort legen Sie den Zahlencode, Ihre N.I.E.-Nummer mit Kopie und den Personalausweis oder Reisepass mit Kopie vor. Sie erhalten ein Dokument, welches Sie unterschreiben müssen. Nach ca. 24 Stunden gehen Sie an Ihrem PC wieder auf die Seite
www.fnmt.es
und wiederholen Sie alle Schritte bis Sie wieder auf den letzten Punkt kommen, oder Sie geben folgenden Link ein:

https://www.sede.fnmt.gob.es/certificados/persona-fisica/obtener-certificado-software/descargar-certificado

Klicken Sie wieder auf Obtenga su Certificado Digital:

Dann links in der Navigationsleiste wieder auf Persona fisica, dann wieder Obtener Certificado Software und jetzt links auf Descarga del certificado

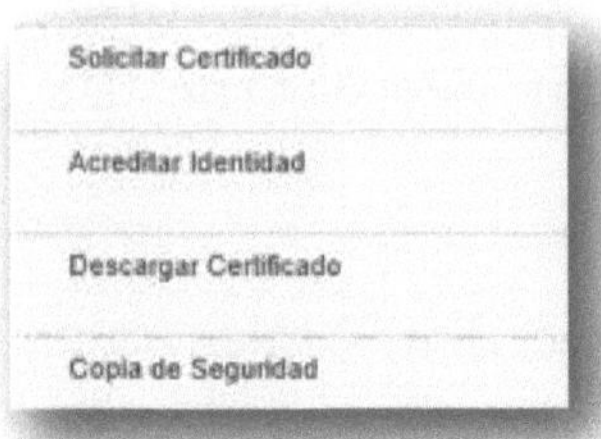

Es erscheint folgende Seite:

Hier geben Sie im ersten Feld Ihre N.I.E.–Nummer, im zweiten Feld Ihren Nachnamen und im dritten Feld den vorherigen Zahlencode ein.

Sie füllen die Angaben aus und bitte den blau hinterlegten Text anklicken, damit bestätigen Sie die Konditionen.
Dann abschließend den Punkt Descargar

Certificado klicken um es zu installieren.

Es erfolgt eine Meldung, dass das Certificado installiert wurde.

Sie können das wie folgt kontrollieren: Gehen Sie im Internetexplorer auf Internetoptionen.

Dort wählen Sie den Punkt Inhalte.

Unter dem Punkt „Zertifikate“ können Sie kontrollieren, ob es installiert ist. Es steht unter „eigene Zertifikate“ und beginnt mit NOMBRE, dann folgt Ihr Nachname und ausgestellt ist es von FNMT Clase 2A.
Von dort aus können Sie das Zertifikat auch Exportieren. Dies ist zu empfehlen, damit Sie es eventuell auf einem anderen Computer installieren können. Zum Exportieren wählen Sie das Zertifikat aus und klicken auf „Exportieren“.

Klicken Sie auf „Weiter“.

Aktivieren Sie den ersten Punkt, „Ja, privaten

Schlüssel exportieren“.

Klicken Sie auf „Weiter“.

Das folgende Fenster sollte dann so aussehen:

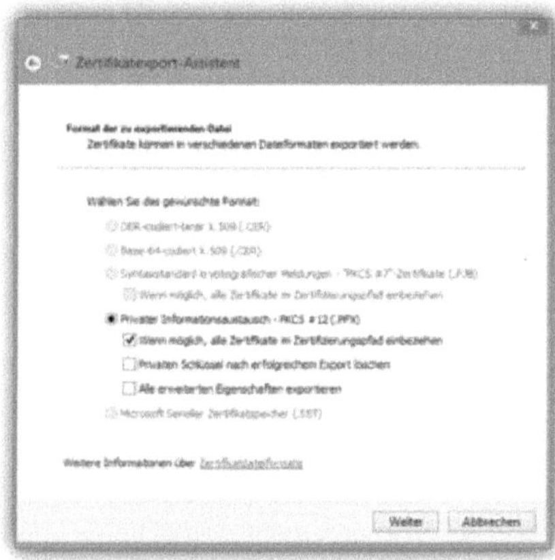

Klicken Sie auf „Weiter“:

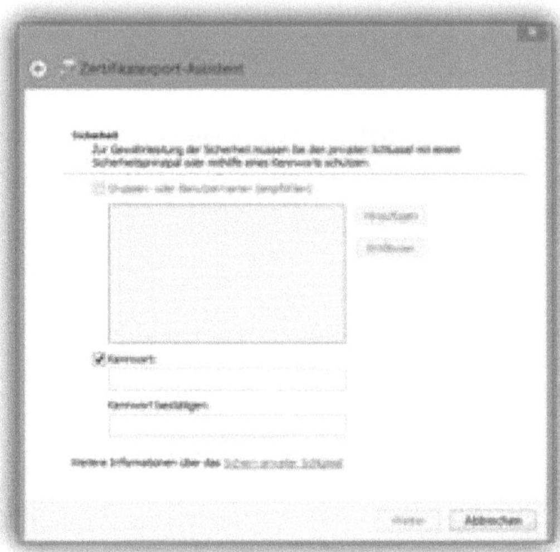

Aktivieren Sie ein von Ihnen ausgewähltes Kennwort und geben es bei „Kennwort bestätigen“ ein zweites Mal ein. Klicken Sie auf „Weiter“. Es folgt:

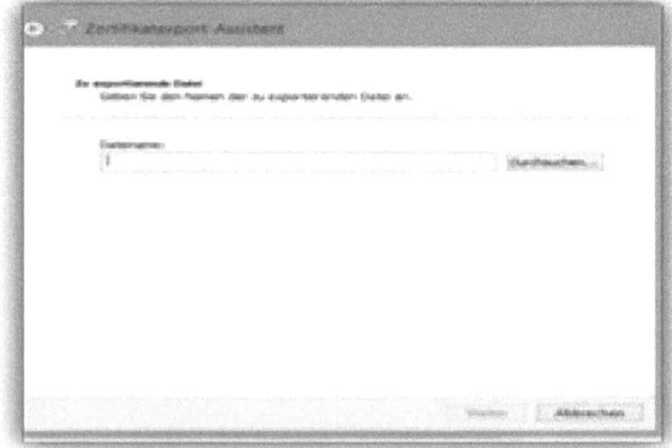

Geben Sie einen Dateinamen ein, z.B. Mustermann, Max Zertifikat FNMT

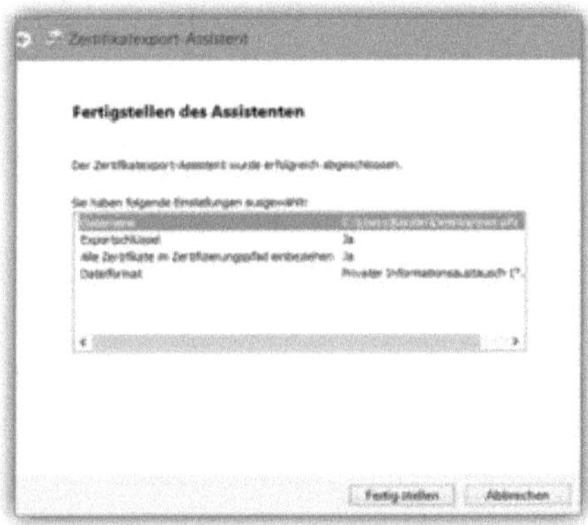

Abschließend klicken Sie auf „Fertig stellen“. Nun sollte die Datei auf Ihrem Desktop erscheinen.

Von hier aus können Sie diese z. B. auf einen USB-Stick kopieren.

Das Modelo 210 - Praktische Ausfüllhilfe

Zunächst muss man einen Internetzugang haben. Man geht auf die Seite www.aeat.es und klickt dann rechts auf den Punkt Sede electronica.

Dort wählt man unter Trámites destacados den Punkt Presentar y consultar declaraciones.

Dann scrollen Sie bis zum Modelo 210 und klicken es an.

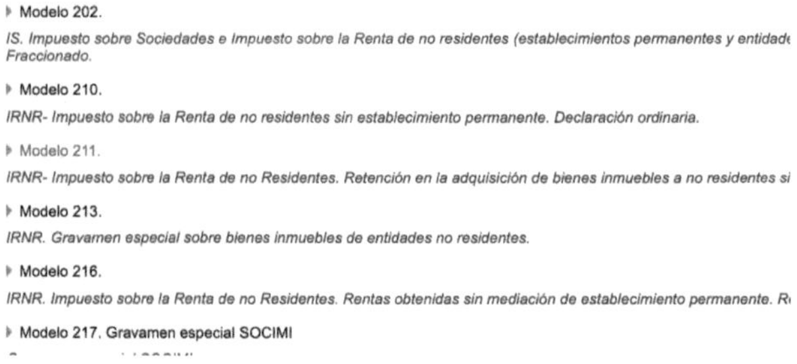

- Modelo 202.

IS. Impuesto sobre Sociedades e Impuesto sobre la Renta de no residentes (establecimientos permanentes y entidad
Fraccionado.

- Modelo 210.

IRNR- Impuesto sobre la Renta de no residentes sin establecimiento permanente. Declaración ordinaria.

- Modelo 211.

IRNR- Impuesto sobre la Renta de no Residentes. Retención en la adquisición de bienes inmuebles a no residentes si

- Modelo 213.

IRNR. Gravamen especial sobre bienes inmuebles de entidades no residentes.

- Modelo 216.

IRNR. Impuesto sobre la Renta de no Residentes. Rentas obtenidas sin mediación de establecimiento permanente. R

- Modelo 217. Gravamen especial SOCIMI

Dort klicken Sie unter predeclaracion Devengos 2018 y siguentes (für Erklärungen ab 2018). Es öffnet sich ein Browser Fenster, in welchem Eingaben gemacht werden können.

Diese ausgefüllte Deklaration (Erläuterung folgt) wird ausgedruckt und (ohne Umschlag) bei der Bank bezahlt. Für die Personen, die das gerne abgebucht haben möchten, wäre der Punkt Presentacion de declaraciones anstatt predeclaracion anzuklicken. Für die Abbuchungen benötigt man ein Benutzerzertifikat, welches man unter www.fnmt.es beantragen kann.

Wir wollen uns auf das Modelo 210 zur Vermietung konzentrieren, welches man später auf der Bank bezahlt. Bevor Sie anfangen, sollten Sie sich versichern, dass auf Ihrem PC der Adobe Acrobat Reader installiert ist.
Nun können Sie unter Predeclaración den Punkt predeclaracion Devengos 2018 y siguentes anklicken.

Predeclaración
Formulario del modelo 210 para su presentación (predeclaración). Devengos 2018 y siguientes Ayuda
Formulario del modelo 210 para su presentación (predeclaración). Devengos 2011 a 2017 Ayuda

Dann erscheint das Ausfüllfenster, welches hier bildlich dargestellt ist. Aus Gründen der besseren Übersicht ist die Eingabemaske in Blöcken abgebildet:

Persona que realiza la autoliquidación
NIF * ?
Si presenta en condición de contribuyente y no dispone de NIF, marque
Apellidos y nombre, razón social o denominación: *
En su condición de * :
S ☑ Contribuyente R ☐ Representante del contribuyente
Responsable solidario
P ☐ Pagador D ☐ Depositario G ☐ Gestor
T ☐ Retenedor (Sólo para autoliquidación con solicitud de devolución:)

Der erste Block trägt die Überschrift: Persona que realiza la autoliquidación. Hier geht es um die Person, welche das Modelo 210 abgeben muss.

Zuerst geben Sie Ihre N.I.E.-Nummer ein (durchgehend ohne Bindestriche, 9-stellig).

Bei Apellidos y nombre, razón social o denominación, geben Sie Ihren Nachnamen und Vornamen ein (Mustermann, Max).

Das Feld bei S Contribuyente müssen Sie markieren.

Es folgt nun der nächste Block, mit der Überschrift Devengo. Dies bezieht sich auf das Jahr oder Quartal, für das die Steuer bezahlt wird. Hier können Sie das Feld Agrupacion aktivieren, was unebdingt empfehlenswert ist. Nach der Auswahl des Quartals geben sie das Jahr an.

Devengo

Agrupación	Periodo *	Ejercicio de devengo *	Fecha de devengo
☐	Seleccione un periodo		(ddmmaaaa)

Im Feld Período geben Sie das Quartal an Primer Trimestre- wäre das erste Quartal.

Bei Ejercicio de devengo kommt das Jahr hin.

Fecha de devengo bleibt frei.

Im nächsten Block bei Renta obtenida geht es um

die Art der Steuererklärung, denn dieses Modelo 210 hat mehrere Verwendungsmöglichkeiten.

Renta obtenida
[02] Tipo renta *
[03] Claves de divisas

Wir wählen die 35 wenn wir die Erklärungen zusammenfassen (Agrupacion) wenn wir jede Vermeitung aus dem Quartal einzeln erklären wählen wir die 01 (bei Eigennutzung wäre es die 02)
Bei claves de divisas geben Sie Euro an.
Es folgt der Block mit der Überschrift Contribuyente. Hier geht es um den Steuerpflichtigen. Bedenken Sie, dass jeder Eigentümer seinen prozentualen Anteil an der Immobilie selbst erklären muss. Haben Sie als Ehepaar eine Immobilie, muss jeder von Ihnen für seinen Anteil der Vermietung eine gesonderte Erklärung vornehmen.

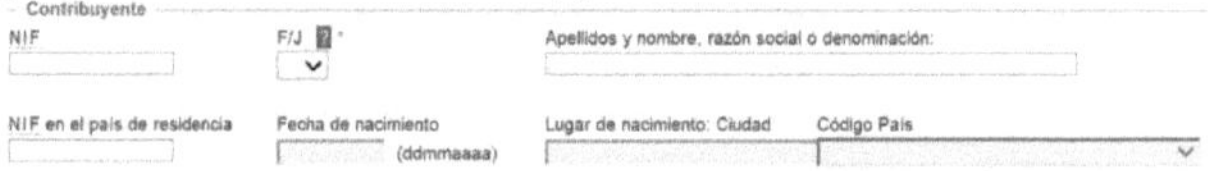
Contribuyente
NIF
F/J *
Apellidos y nombre, razón social o denominación:
NIF en el país de residencia
Fecha de nacimiento (ddmmaaaa)
Lugar de nacimiento: Ciudad
Código País

Im Feld NIF geben Sie Ihre N.I.E.-Nummer an, bei F/J wählen Sie F für natürliche Person und J für juristische Personen (z. B. Gesellschaften). Dann folgt Apellidos y nombre, razón social o denominación, dort geben Sie Ihren Nachnamen und Vornamen ein. Sollte normalerweise schon automatisch von oben übernommen worden sein.

Im Feld NIF en el país de residencia geben Sie Ihre Steuernummer aus Ihrem steuerlichen Wohnsitz ein.

Unter Fecha de nacimiento geben Sie Ihr Geburtsdatum im Format TTMMJJJJ ein.

Bei „Lugar de nacimiento: Ciudad" die Stadt, in welcher Sie geboren wurden. Im Feld Código País wählen Sie Ihr Geburtsland aus. Unter Residencia fiscal: Código País, wählen Sie Ihren steuerlichen Wohnsitz aus.

Jetzt kommt ein Eingabeblock, in welchem Sie die Heimatadresse in Deutschland, Österreich oder der Schweiz (Dirección en el país de residencia) eingeben müssen:

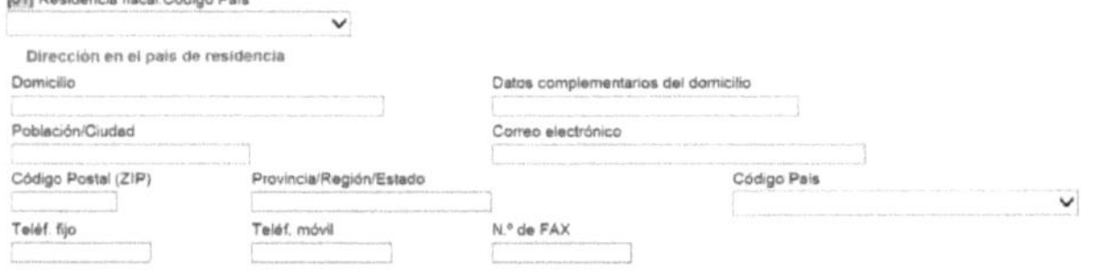
[01] Residencia fiscal:Código País *

Dirección en el pais de residencia

Domicilio

Datos complementarios del domicilio

Población/Ciudad

Correo electrónico

Código Postal (ZIP)

Provincia/Región/Estado

Código País

Teléf. fijo

Teléf. móvil

N.º de FAX

Unter Domicilio geben Sie den Straßennamen an.

Bei Datos complementarios del domicilio tragen Sie eventuelle Zusätze zur Adresse, im

Feld Población/ Ciudad den Ort, unter Código Postal (ZIP) die entsprechende Postleitzahl ein. Im Feld Provincia/Región/Estado tragen Sie das Bundesland ein. Bei Código País wählen Sie Ihr Land aus. Es gibt zudem noch freiwillige Felder wie Correo electrónico (E-Mail) Telefon- und Faxnummer.

Der nächste Block Representante wäre für Ihren steuerlichen Vertreter bestimmt und kann in unserem Beispiel, ebenso wie der Block Pagador, übersprungen werden.

Es folgt der Eingabeblock für die Daten der Immobilie (Situación del inmueble), für welche Sie die Steuern zahlen:

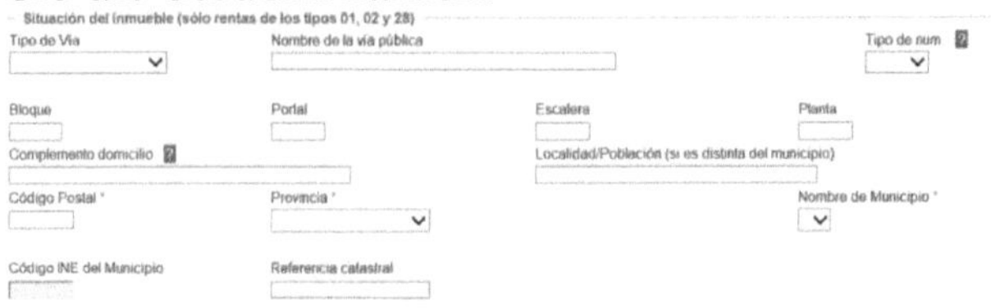

Situación del inmueble (sólo rentas de los tipos 01, 02 y 28)

Tipo de Via

Nombre de la vía pública

Tipo de num

Bloque

Portal

Escalera

Planta

Complemento domicilio

Localidad/Población (si es distinta del municipio)

Código Postal *

Provincia *

Nombre de Municipio *

Código INE del Municipio

Referencia catastral

Tipo de Vía: aus der Auswahlliste wählen, ob Straße, Urbanisation etc.,

Nombre de la vía pública: Strassennamen,

Tipo de num: auswählen ob Nummer, Kilometer etc.,

Núm. Cas: Hausnummer, es folgen

Zusatzbezeichnungen, wie Etage, Stockwerk, Tür etc.,
Complemento domicilio: Zusatzadressangabe, wenn bislang oben nicht ausreichend,
Localidad/Población: Wohnort, wenn er sich vom Municipio unterscheidet,
Código Postal: die Postleitzahl,
Provincia: die Provinz,
Nombre de Municipo: Ort auswählen,
Código INE: müsste jetzt automatisch erscheinen,
Referencia catastral: Hier geben Sie ihre Katasternummer ein. Diese befindet sich auf Ihrem Grundsteuerbeleg. Es folgt der Block Determinación de la base imponible.

Determinación de la base imponible	
210 R Rendimientos	
Rendimientos íntegros	[05]
Exención aplicada dividendos(límite anual 1.500 euros)	[06]
Gastos deducibles	[07]
Base imponible ([5]-[6]-[7])	[08]

In das Feld 5 kommen die Mieteinahmen, Feld 7 die absetzbaren Kosten – Feld 8 errechnet sich von alleine.

Kommen wir zum Punkt Liquidación

Im Feld 21 geben Sie 19,00 an. Für alle anderen nicht EU-Länder gilt 24 %.
Die zu zahlende Summe erscheint jetzt automatisch.
Jetzt müssen Sie im kommenden Block a ingresar (zum Bezahlen auf der Bank) anklicken.

Tipo de declaración

Resultado positivo

- A ingresar
- Ingreso por transferencia desde el extranjero

Die Summe steht automatisch im unteren Feld Ingreso und ist leicht gelb hinterlegt.
Mit dem Punkt Validar declaración überprüfen Sie die Richtigkeit.
Wie immer empfehle ich, jetzt das Formular zu speichern. Das machen Sie ganz unten rechts im Kopf unter Exportar.

Dann wird die Deklaration gespeichert, als Speicherort wird automatisch auf Ihrem Laufwerk C:/ ein Ordner AEAT angelegt, in welchem Sie die Datei wiederfinden. Achtung! Diese Datei können Sie nicht lesen, Sie dient nur zum erneuten Import, falls Sie Fehler gemacht haben und die Daten zum Korrigieren noch einmal einlesen möchten. Andernfalls müssen Sie alles neu eingeben. Nachdem gespeichert ist, klicken Sie ganz unten auf Generar Predeclaración. Ein fünfseitiges Dokument erscheint.

Das fertige fünfseitiges PDF-Dokument ausdrucken, und bei Ihrer Bank einzahlen. Aus Sicherheitsgründen empfiehlt es sich das Anagram, welches wir im Kapitel über die N.I.E-Nummer beschrieben haben, mitzunehmen oder am besten gleich ein Etikett. Dann hat die Bank es einfacher die Daten auszulesen. Die NIE Nummer müssen Sie auf der Seite für die Bank selbst hineinschreiben, bislang ist es dem Finanzamt nicht gelungen diesen Fehler zu beheben.

Für alle Personen die aus dem Ausland überweisen möchten. Sie kreuzen anstatt a Ingresar den Punkt Ingreso por transferencia

desde el extranjero an.
Hier geben Sie rechts Ihre NIE Nummer an, den Nachnamen und Vornamen, sowie die Bankverbindung, von welcher die Überweisung getätigt wird.
Dann wie oben weiter beschrieben am besten speichern über den Punkt exportar und dann die Predeclaración generieren. Sie erhalten explizite Anweisungen in der zweiten Seite wie Sie die Überweisung auszuführen haben.

Quellen

Website des spanischen Finanzamtes

www.aeat.es

Website des spanischen Innenministeriums

www.mir. es

Website der Generaltitat Valencia

www.gva.es

Kurs der Vereinigung AECE

Website der FNMT.es

Website legalium.de

Zum Schluss möchte ich allen Mandanten danken, durch deren Fragen und Anregungen ich die Idee zum Buch bekommen habe.
Es sind in naher Zukunft weitere Bücher geplant, welche Sie auch auf meiner Website oder im Handel finden werden. Viele der genannten Formulare biete ich auf meiner Website auch zum Download an. Besuchen Sie meine Website:

www.kerstinbumiller.com

Außerdem bin ich Kinderbuchautorin, unter dem Pseudonym Audrey Harings finden Sie eine große Auswahl an Kinder- und Jugendbüchern.

www.audreyharings.com